건너 뛰지 않고 성경 읽기

난해하고 당연했던 성경, 거르지 않고 촘촘히 읽어보기

건너 뛰~ 지 않고 성경 읽기

마이클 하이저 | 김태형 옮김

좋은씨앗

I Dare You Not to Bore Me with the Bible
by Micahel S. Heiser

건너 뛰지 않고 성경 읽기

초판 1쇄 인쇄 2022년 5월 25일
초판 1쇄 발행 2022년 5월 30일

지은이 마이클 하이저
옮긴이 김태형
펴낸이 신은철
펴낸곳 좋은씨앗
출판등록 제4-385호(1999. 12. 21)
주소 서울시 서초구 바우뫼로 156, 402호
전화 (02)2057-3041 팩스 / (02)2057-3042
전자메일 good-seed21@daum.net
페이스북 facebook.com/goodseedbook

ISBN 978-89-5874-372-9 03230

차례

제2부 신약 촘촘히 읽기

● 일러두기

1. 이 책에서 모든 성경 인용절은 저자의 사역이다. 그러나 본 한글판에서는 개역개정을 주로 사용하며, 주제와 관련해 필요한 경우에는 저자의 사역을 인용하고 개역개정과 비교했다.
2. 원서에 이탤릭체로 표시된 강조는 작은따옴표로 표시했다.

서문

성경은 모든 사람을 위해 기록된 책이지만, 곳곳에 읽기가 수월하지 않은 부분들이 존재한다. 이른바 성경 읽기의 장애물이 지뢰처럼 도사리고 있다. 이 책에서 마이클 하이저 박사가 다루는 소재들은 바로 그런 장애물들, 때로는 "기이하지만", 한편으론 "지루하기 그지없는" 부분들이다. 마이클 하이저 박사는 그런 부분들을 생동감 있게 풀어내어 다시금 성경의 놀라운 세계를 독자들에게 펼쳐보인다.

주일날 여럿이 함께 성경을 읽고 나누는 소그룹 모임에 참여했다가, 빨리 끝났으면 하는 지루함을 느낀 적이 있는가? 이 책을 읽고 나면, 성경 읽기가 더이상 지루하지 않은 흥미로운 여정임을 수긍하게 될 것이다. 이 책은 종종 우리를 혼란에 빠뜨렸던 성경의 곤란한 본문들을 이해할 실마리를 제공해 주고, 얼핏 사소하게 보이는 내용도 무심코 지나

쳐선 안 되는 중요한 의미가 있다는 사실을 알게 한다. 이후로 우리는 성경 한 구절도 그냥 지나치거나 건너뛰지 못할 것이다.

하이저 박사는 독자들을 성경의 저자들이 살았던 시간과 공간에 접속시킬 것이다. 그리고 그러한 접속이 우리에게 무엇을 의미하는지 이해하도록 안내할 것이다. 그로부터 우리의 성경 읽기 역량은 한 단계 더 높아지리라 장담하는 바다.

이 책에 수록된 글들은 본래 「바이블 스터디 매거진」의 "기이하지만 중요한"(Weird, but Important), "감히 성경으로 나를 지루하게 하지 마시오"(I Dare You Not to Bore Me with the Bible), "교회에서 가르치지 않는 것들"(What They Don't Tell You in Church) 등의 기고문에서 이미 소개된 바 있는 검증된 자료들이다. 여기에 포함된 글의 상당 부분이 서로 관련이 있고, 난해한 주제들을 간명하게 다루고 있다. 하이저 박사는 그 주제의 대부분을 성경 연구의 일환으로 출간해 왔다. 그의 연구에 대한 보다 자세한 소개는 michaelsheiser.com에서 확인할 수 있다.

하이저 박사와 함께 성경의 세계로 들어가는 이 여정에서 유익과 즐거움을 함께 누릴 수 있기 바란다. 하나님을 사랑하고 그분의 말씀을 읽고자 하는 독자들에게 하나님의 축복이 함께하기를...

존 D. 베리

바이블 스터디 매거진 편집장

머리말

성경은 정말 놀라운 책이다. 페이지를 넘길 때마다 인류를 구원하시는 하나님의 구속 이야기와 장구한 세월 동안 악에 맞서 싸우는 치열한 전쟁의 대서사가 드러난다. 또한 성경은 우리에게 낯선 것들로 가득하다. 하나님의 말씀이 우리를 '위해' 기록된 것은 맞지만, 우리를 '향해' 직접적으로 쓰인 것은 아니기 때문이다.

성경 독자, 신학생, 대학원생, 그리고 심지어는 성서학 교수로서 내가 경험한 바에 따르면, 대부분의 사람들은 희한하고 복잡한, 그리고 어쩌면 섬뜩하고 오싹한 성경의 몇몇 본문들을 어떻게 다뤄야 할지 전혀 감을 잡지 못한다. 우리는 그런 본문들을 그저 건너뛰는 것으로 해결하곤 한다. 그러나 그렇게 함으로써 우리는 (우리가 하나님의 영감된 말씀으로 믿고 있는) 성경 '전체'를 이해하고 가르쳐야 할 책임을 내던지는 건 아닌지 묻고 싶다.

그 결과 신자들은 성경에서 도출해 낸 기본 진리들만 배우게 되는 경향이 있다. 바나 그룹(Barna Group)의 최근 조사에 따르면, 특히 40대 이하를 포함한 교회 내 모든 연령대에서 성경과 신학에 대한 문맹률이 갈수록 높아지고 있다고 한다. 성경과 신학에 대한 무지는 성경 읽기의 관심도를 떨어뜨리고, 진리를 향한 갈급함을 잊게 하며, 성경의 신뢰도에 대한 더 많은 논란과 회의를 부추긴다.

많은 그리스도인들이 성경의 주요 줄거리와 복음 메시지에 대해서는 어느 정도 알고 있다. 그러나 성경의 나머지 본문, 특히 전체 성경의 약 4분의 3을 차지하는 구약 본문과 마주할 때 길을 잃고 헤맨다. 일부 신자들은 이러한 지식의 간극을 메꾸고자 노력하기도 한다. 그들은 스터디 바이블 각주에 딸린 모든 해설을 빼놓지 않고 읽고, 히브리어와 헬라어 학습을 위한 다양한 자료를 활용한다. 그러나 이는 예외적인 경우다. 대다수의 사람들이 별 노력을 기울이지 않다가, 끝내 성경을 지루한 책으로 결론내린다.

나는 어느 바이블 칼리지에서 교수로서의 첫발을 내딛었다. 거기서 "다음 세대" 그리스도인 청년들, 즉 이제 각자의 교회에서 리더십을 발휘할 위치에 올라 있는 학생들을 만났다. 바이블 칼리지에서의 학업을 스스로 선택한 학생들인 만큼, 그들은 내 학습 자료에 분명히 흥미를 보일 것으로 추측했다. 그러나 그렇지 않다는 사실이 금방 드러났다. 그 학생들은 교회에서 줄곧 자라온 사람들이었다. 그들은 매주 교회에서 설교를 듣고 주일학교를 다녔으며, 청소년 또는 청년 모임과 여러 수련회에서 수없이 많은 메시지를 들어온 이들이었다. 그들 생각엔 이미 다 들어본 내용이었다. 그들의 입장에선 정말로 그랬다. 그들은 기독교 개론 강의에서 다루는 모든 주제들을 수없이 들어봤다. 강의실에 빼곡히 들어찬 그 표정들이 아직도 생생하다. 그들은 나를 향해 '감히 나를 성경으로 지루하게 하지 말라'는 일종의 텔레파시를 보내고 있었다.

나는 그 도전을 받아들였다. 성경 안에 우리가 발견하고 숙고해야 할 내용이 아직 수없이 많다는 사실을 학생들에게 증명하는 일은 매우 스릴 있는 작업이었다. 학생들은 단순한 성경 읽기가 곧 성경 '공부'는 아니란 점을 이해할 필요가 있었다. 그리고 성경의 많은 부분을 제대로 이해하려면 익숙한 우리의 전통으로 본문을 여과시키지 않고, (최초의 독자들을 염두에 둔) 원래의 맥락을 따라 읽어야 한다는 것을 배워야 했다. 당연하다고 여기던 본문이 결코 당연하지 않다는 것을 배워야 했고, 무심코 넘긴 사건이 결코 범상치 않은 사건임을 배워야 했다. 나는 그 강의실에 앉아 있던 학생들이 바이블 칼리지를 졸업한 후에도 계속 성경을 탐구하고 발견해 가길 바랄 뿐이다.

예배당에 앉은 신자들이 세상에서 가장 흥미진진한 책인 성경에 깊이 매료되길 바라는 간절한 마음으로 「바이블 스터디 매거진」에 기고했었는데, 마침내 그 열망이 이 책으로 이어졌다. 수년 전, 우리의 편집자 존 배리와 첫 번째 이슈를 의논하던 때가 기억난다. 나는 자신들을 성경으로 지루하게 하지 말라는 학생들에게서 받은 도전에 응했던 당시의 몇몇 에피소드를 언급했다. 그러한 경험을 바탕으로 첫 매거진의 특집에 다음과 같은 제목을 붙였다. "감히 나를 성경으로 지루하게 하지 말라"(I Dare You Not to Bore Me with the Bible). 초창기에 그와 대화하면서 다른 특집들도 탄생했다. 그것은 "기이하지만 중요한 내용"(Weird, but Important), "교회에서 가르치지 않는 것들"(What They Don't Tell You in Church)이다. 이 책은 「바이블 스터디 매거진」 특집에 실린 기고문의 모음집이다. 독자 모두가 이 책을 즐겁게 읽을 것이라 믿어 의심치 않는다. 단언컨대, 결코 지루하지 않을 것이다.

마이클 하이저

제1부 구약 촘촘히 읽기

은하계에 대한 고대의 안내서

○

○

○

●

하나님은 특정한 시간과 장소, 그리고 문화를 택하셔서 고대의 사람들에게 영감을 주시고 그들로 하여금 우리가 현재 읽고 있는 구약을 기록하게 하셨다. 구약은 주전 1-2천 년대의 고대 지중해 연안과 근동 지역의 산물이다. 그러므로 당시 문화와 세계관을 이해한다면 성경을 충실히 이해하는 데 도움이 된다. 특히 이스라엘 백성들이 하나님과 우주에 대해 어떠한 관점을 가졌는지를 이해하게 된다면 더더욱 그렇다.

구약의 우주론

"우주론"(Cosmology)은 우리가 우주의 형성과 구조를 이해하는 방식을 가리킨다. 하나님이 하늘과 땅의 구조를 어떻게 세우셨는가에 대한 성경 저자들의 사고는 특정한 우주론을 드러낸다.

성경 시대의 이스라엘 사람들은 고대 문명 세계에서 보편적으로 통용되던 우주관을 믿었다. 우주는 천계(하늘의 영역), 지상계(인간들을 위한 땅의 영역), 그리고 죽은 자들을 위한 지하세계의 세 영역을 아우른다. 이러한 세 개의 층은 십계명에도 반영되어 있다. "너를 위하여 새긴 우상을 만들지 말고 또 위로 하늘에 있는 것이나, 아래로 땅에 있는 것이나, 땅 아래 물 속에 있는 것의 어떤 형상도 만들지 말며"(출 20:4).

천계

창세기 1:6-8이 하늘을 그 위와 아래에 각각 물이 있는 궁창으로 묘사하고 있는 데서 우리는 히브리인들의 사고를 엿볼 수 있다. "하나님이 이르시되, 물 가운데에 궁창(רקיע, 라키아)이 있어 물과 물로 나뉘라 하시고, 하나님이 궁창을 만드사 궁창 아래의 물과 궁창 위의 물로 나뉘게 하시니 그대로 되니라 하나님이 궁창(רקיע, 라키아)을 하늘(Heaven)이라 부르시니라."

이에 따르면 구름 하늘(sky, 한글 성경은 sky[구름 하늘]와 heaven[하늘]을 구분한다)은 견고한 궁창(돔 형태의 창공)으로 여겨지며, 물은 이 궁창을 가운데 두고 위의 물과 아래의 물로 나뉘어 있다. "그가 하늘들을 지으실 때에 내(지혜)가 거기 있었고, 그가 깊음(바다)의 표면에 원을 그리실 때에, 그가 위의 구름 하늘들을 견고하게 하실 때에, 그가 깊음의 샘들을 솟게 하실 때에"(잠 8:27-28, ESV역).

돔 형태의 궁창은 지면을 둘러싸서 덮고 있으며 그 테두리가 수평선과 맞닿아 있다—"수면에 경계를 그으시니 빛과 어둠이 함께 끝나는 곳이니라"(욥 26:10). 이 궁창을 "기둥들" 또는 "기초들"이 떠받치고 있다. "기둥들" 또는 "기초들"은 산들의 봉우리로 생각되었고, 그 꼭대기들이 구름 하늘과 맞닿은 것처럼 보였다. 하늘들에는 많은 문과 창문이 있어서 그리로 (하늘의 창고에서 나온) 비나 물이 쏟아져 나와 지면으로 흐를 수 있었다(창 7:11; 8:2; 시 78:23; 33:7).

고대인들은 하나님이 그 궁창 위에 거하신다고 생각했다. 욥기 22:14도 이를 뒷받침한다. "빽빽한 구름이 그를 가린즉 그가 보지 못하시고 둥근 하늘을 거니실 뿐이라 하는구나."

지상계

땅(earth)은 물이 가득한 깊음 위에 놓여 있다. "아래의 물"은 사람들이 사용하는 수원(水源)만을 가리키는 것이 아니며, 더 깊은 심연을 가리킨다. 따라서 땅은 바다로 둘러싸여 있고(창 1:9-10), 물에서 솟아 있다(벧후 3:5). 고대인들은 이 땅을 기둥들과 깊이 박힌 기초들이 견고히 지탱하고 있다고 생각했다(삼상 2:8; 욥 38:4-6; 시 104:5).

지하세계

죽은 자들의 영역은 땅 아래에 있다. 이 장소를 가리켜 가장 빈번하게 자주 쓰이는 표현이 '스올'(שאול; 잠 9:18; 시 6:4-5; 18:4-5)이고, "땅"을 뜻하는 '에레츠'(ארץ)란 용이도 사용된나—그것은 인간이 파낸 무덤들로 지하세계로 통하는 관문을 상징한다. 욥기에서 죽은 망자들의 세계는 물 밑에 있는 것처럼 묘사되기도 한다. "죽은 자의 영들이 물 밑에서 떨며 물에서 사는 것들도 그러하도다 하나님 앞에서는 스올도 벗은 몸으로 드러나며 멸망도 가림이 없음이라"(욥 26:5-6).

요나의 진술이 아마도 가장 선명한 표현일 것이다. 물고기 뱃속에 갇힌 요나는 자신이 지하세계에 있다고 말한다. "물이 나를 영혼까지 둘렀사오며 깊음이 나를 에워싸고 바다 풀이 내 머리를 감쌌나이다 내가 '산의 뿌리'까지 내려갔사오며 '땅'이 그 '빗장'으로 나를 오래도록 막았사오나"(욘 2:5-6).

고대 근동의 세계관에 익숙해지면 구약을 해석하는 데 도움이 된다. 히브리인들의 우주관을 이해함으로써 우리는 하나님에 대한 그들의 인식 체계를 조금 더 가까이서 볼 수 있다.

이스라엘 사람처럼 생각하기

○

○

○

●

설형문자판이 내 인생을 바꿔놓았다. 농담이 아니다. 대학원에서 성서학을 공부하며 보낸 지난 15년의 세월을 돌아보면, (성경 히브리어와 매우 유사한 형태를 띠는 설형문자인) 우가리트어 수업은 성경에 대한 나의 관점이 바뀌는 터닝 포인트가 되었다. 그 수업 덕분에 "성경을 맥락 안에서 읽으라"(read the Bible in context)는 원칙은 단순한 원칙 문제가 아니라 영적 진정성 여부가 걸린 문제로 전환되었다.

성경 연구에 대한 식견

성경을 맥락 안에서 해석하라는 의미를 여기서 도자기 조각에 대해 파악하고 저기서 희한한 풍습 하나를 배우다든지, 아니면 그때에 누가 살아 있었고 본문 속 사건 당시에 사람들이 무엇을 하고 있었는지 등에 대해 배우는 것이라 여겼다.

그러나 나는 우가리트어 수업에서, 그런 학습 방식이 오히려 고대 세계와 성경을 결정적으로 분리시킬 수 있다는 점을 배웠다. 즉 그런 학습 방식은 모든 "맥락적 담화"에서 종교적 또는 신학적 개념을 배제시킬 수 있다는 것이다. 우리는 성경이 기술하는 신학적 내용 대부분이 이스라엘만의 고유한 것이라 생각하기 쉽다. 나는 기본적으로 이스라엘이 이교도인 이방인들과 문화적인 관습—예를 들어, 음식, 의복, 결혼, 그리고 가정 구성 등—의 경우는 '일정 부분' 공유했다고 생각했다. 그러나 이스라엘의 종교적 세계관만큼은 하늘에서 전수받은 것이므로 이교도들과는 공통의 연결고리가 전혀 없을 것으로 확신했다. 나의 이런 생각은 틀렸다—내가 대학원 수업에서 번역해야 했던 토판의 내용이 그 증거물 제1호였다.

우선, 고대 시리아의 도시국가 우가리트의 주민들은 우리가 구약성경에서 찾을 수 있는 용어와 표현들로 자신의 신들을 묘사했다는 점이다. 우가리트 토판과 구약성경을 비교해 보면 서로 일치하는 단어가 제법 많다. 그들의 주신(chief deity)은 아브라함과 이삭과 야곱의 하나님과 동일한 이름(엘)을 공유했다. (그러나 우가리트의 엘은 성경의 기준으로 볼 때 거룩한 존재로 불릴 수는 없다.) 우가리트의 엘과 그의 주보좌관격인 바알에 대한 영예로운 호칭들을 비롯한 여타 묘사들은 구약의 여러 본문에서 이스라엘의 하나님에게도 적용되곤 했다.

또 다른 예도 있다. 선지자들의 행동과 예언적 술법, 그리고 (제비뽑기 및 에봇 같은) 신탁 도구들의 사용은 명백히 고대 근동의 풍습과 유사하다. 언약궤의 도안과 목적은 고대 이집트에서 팰런킨(palanquins, 가마)으로 알려진 신성한 궤의 용도와 그 결을 같이한다. 민수기 5장에서의 시련 재판(Trial by ordeal)—간통죄로 고발당한 여인이 그 정절을 증명하기 위해 쓴 물을 마시는 것—과 같은 사례도 주변 문화권에서 존재했다. 이스라엘이 드리는 희생제사의 조항들은 고대 이방인들의 종교 문서에서도 발견된다. 구름 하늘이 견고하다는 생각은 고대 근동 우주관의 일부이며 성경도 이를 공유하고 있다(욥 37:18; 잠 8:28).[1] 우리의 신장(kidenys) 또는 창자(intestines)가 우리의 지성과 감정의 좌소라는 생각 또한 고대 세계 전반에서 통용되던 개념이다.[2]

영적인 교훈과 함의들

이 모든 발견은 나로서는 다소 충격이었다. 그러나 하나님은 나의 그런

---

1 이 주제와 관련해서는 "은하계에 대한 고대의 안내서"(16쪽)를 보라.

2 예를 들어, 아 5:4, 렘 31:20, 욥 19:27, 시 7:9, 16:7, 22:14, 40:8 등의 현대 역본에서 "마음"(heart) 또는 "심중"(breast)으로 번역된 히브리어 단어를 참고하라. 그 단어들은 실제로 희생제물을 묘사할 때 쓰이는 "창자"(intestines)와 "콩팥"(kidneys)을 뜻하는 히브리어와 동일하다. 히브리어에는 "두뇌"(brain)에 해당하는 단어가 없다.

불편함마저 성경 본문을 정직하게 대하도록 만드는 자극제로 사용하셨다. 결국 나는 구약성경을 이해하기 위해 고대 히브리인들처럼 생각할 필요가 있었다.

고대 이스라엘이 종교적으로 문화적으로 주변 다른 민족들과 중대한 차이가 있음은 분명했다. 하지만 전체적으로 볼 때 차이점보다는 유사점이 더 많았다. 그런 이유로 나는 초기 교회, 프로테스탄트 종교개혁, 청교도 운동, 또는 현대 복음주의가 성경 이해를 위한 올바른 해석적 맥락이 아니라는 사실을 깨달았다. 그런 역사적 맥락들은 성경에서는 낯선 것들이다. 오히려 성경을 이해하기 위해 꼭 필요한 맥락은 그것이 기록되던 당시의 역사적, 문학적, 지적, 문화적, 그리고 종교적 배경이다.

물론 충분히 그렇게 하실 수 있었음에도 불구하고, 하나님은 자신의 진리를 이스라엘에게 나누어주실 때 그들의 문화를 바꾸지 않으셨다. 하나님은 이스라엘 백성에게 그들의 주변 이웃들과 확연히 구별되는 새로운 문화를 만들어주지 않으셨다. 만에 하나 하나님이 그런 선택을 하셨더라면, 당대 사람들은 오히려 그 뜻을 옳게 판독하기가 어려웠을 것이며, 의사소통 전반에 문제가 생겼을 것이다.

이것이 의미하는 바는, 성경 저술 전반에 발휘된 그 영감이란 것 역시 하나님이 그 주권적 지혜로 선택하신 문화적 맥락 안에서 작용한다는 것이다. 그러므로 우리가 이스라엘 백성과 이교도들 사이에 공유되던 세계관의 연결고리를 무시한다면, 자기 백성과의 소통을 위해 작정하신 하나님의 전략을 우리가 존중하지 않는 것이 된다.

이스라엘과 그 이웃 민족들 사이에 혼재했던 문화적 공감대는 하나님 입장에서는 적극 사용하실 만한 지혜로운 신학적 전술이었다. 그래서 만약 본문에서 드러나는 이스라엘의 신학이 차별성을 드러낼 때, 게다가 그것이 제법 극적이고 눈에 띄는 대비점을 보여준다면, 그 사실을 감지한 고대의 이교도 독자라면 비명을 지를 만큼 주목하는 계기가 될 수 있었다. 이스라엘의 하나님은 이교도의 신들과는 달리, 가짜 우상으로 만들어질 수 없었다. 야훼 하나님은 그 누구에 의해서도 지상으로 끌려 내려오거나 길들여질 수 없었다. 희생제사에 관한 율법은 언약이라는 특정한 맥락 안에서 제정되었고, 따라서 다른 민족에게는 생경하고 독특한 신학적 의미를 가졌다. 야훼 하나님은 다른 이방 신들과는 달리 희생제사 자체보다 믿음과 신실함을 더 요구하셨다.

성경도 업그레이드가 필요했다

○

○

○

●

잠깐만. 성경이 업그레이드가 필요했다고?

성경을 하나님의 말씀으로 고백하는 사람들에게 이 말은 마치 싸우자는 소리처럼 들린다. 업그레이드(upgrade)는 무언가 업데이트(updating)가 필요한 상태를 의미하니 말이다. 하지만 성경은 세월이 흘러도 변치 않는 하나님의 말씀이지 않은가! 물론 그 말이 진리다. 나는 성경의 집필에 책임 있는 분들, 즉 성경 저자들 그리고 성령 하나님을 곤란한 상황에 얽히게 하고 싶은 생각은 추호도 없다.

믿거나 말거나, 성경이 업데이트 되었다는 증거가 있다![1] 이상한 소리로 들릴 수 있지만 여러분도 자세히 읽어보면 부인하지 못할 것이다.

---

1 이 주제와 관련해서는 "그, 그를, 나를, 나 자신, 그리고 나"(129쪽)를 보라.

일례로 창세기 14:14를 보자.

> 아브람이 그의 조카가 사로잡혔음을 듣고 집에서 길리고 훈련된 자 삼백 십팔 명을 거느리고 단까지 쫓아가서.

문제를 눈치 챘는가? 본문은 아브람의 시대다. 즉, 모세와 여호수아 이전의 때이고, 다시 말해, 이스라엘 지파들에게 약속의 땅을 분배하기 이전 시대다. 당시에는 이스라엘 민족조차 아직 존재하지 않았다. 그렇다면 왜 단 지파에게 속한 지역이 언급되었는가?

이 본문에서 기술하는 아브람이 개입된 전투 상황을 아브람 당대에 통용되던 지명을 따라 하나의 지도로 정리해 본다면, 우리는 성경의 저자가 실제로는 단이 아니라 라이스(Laish)란 지역을 가리키고 있음을 알 수 있다.

많은 성경 비평가들은 이것을 하나의 오류라고 지적하기도 한다. 그러나 그렇지 않다. 먼 훗날, 이스라엘의 사사 시대에, 라이스는 단으로 개명되었다. "이스라엘에게서 태어난 그들의 조상 단의 이름을 따라 그 성읍을 단이라 하니라 그 성읍의 본 이름은 라이스였더라"(삿 18:29). 분명한 사실은 그곳의 지명이 라이스에서 단으로 바뀐 이후에 무명의 어느 편집자가 창세기 14:14 본문을 업데이트했다는 것이다. 그 편집자가 그렇게 수정한 이유는 아마도 본인 당대의 독자들이 성경 본문의 지리를 이해할 수 있게 하려는 목적 때문이었을 것이다.

다른 사례에서는, 성경에 이미 기록되어 있던 어떤 내용을 편집자가 당시 그의 공동체에게 필요한 메시지를 전하기 위해 또다른 용도로 재사용하는 모습도 볼 수 있다. 시편 51편은 밧세바와 동침하고 우리아를 살해한 후 이뤄진 다윗의 회개에 대한 기록으로 잘 알려져 있다. 이 시는 "시온에 선을 행하여 주소서"라는 하나님께 드리는 간구와, "예루살렘 성벽을 쌓으라"는 명령으로 마치고 있다(시 51:18-19. 개역개정은 한 문장 안에서 진술하나 영역본은 세미콜론으로 구분한다—옮긴이). 예루살렘 성벽 보수는 다윗 시대로부터 수 세기가 지나고 나서 하나님의 백성이 유배된 이후에 이뤄진 것으로, 그전까지는 보수할 필요가 없었다. 편집적인 면에서 이러한 추가는 매우 탁월한 문학 장치라 할 수 있다. 그러니까 수 세기 전에 다윗 왕이 회개했던 것처럼, 편집자는 유배민으로 살고 있던 자기 민족을 회개로 이끌려고 시도한 것이다. 해당 시편의 (다윗 왕) 사례는 그들에게 정말로 필요한 일종의 본보기였던 셈이다.

다소 생경할 순 있지만, 시편 51:18-19 그리고 창세기 14:14 본문의 업데이트는, 성경의 '영감'이라는 것이 단발적 현상이 아닌 계속 이어지는 하나의 과정일 수 있다는 통찰을 제공한다.

성경 단어의 철자 체크

○

○

○

●

성경 원문의 단어를 명확하게 읽지 못하는 경우가 있다. 창세기 49:10이 유명한 사례다. 다음 세 영역본의 번역을 대조한 아래 표에서 그 차이를 확인할 수 있다.

NASB	ESV	NIV
규가 유다를 떠나지 아니하며 통치자의 지팡이가 그 발 사이에서 떠나지 아니하기를, 실로가 오시기까지(until Shiloh comes) 이르리니 그에게 모든 백성이 복종하리로다.	규가 유다를 떠나지 아니하며 통치자의 지팡이가 그 발 사이에서 떠나지 아니하기를, 그에게 공물이 오기까지(until tribute comes to him); 이르리니 그에게 모든 백성이 복종하리로다.	규가 유다를 떠나지 아니하며 통치자의 지팡이가 그 발 사이에서 떠나지 아니하기를, 그것이 속해 있는 그가 오기까지(until he comes to whom it belongs) 이르리니 모든 민족의 복종이 그의 것이로다.

히브리어 본문 자체에 모호한 부분이 있기 때문에 위 세 번역은 각기 다른 결론에 도달하고 있다. 문제는 네 개의 문자로 이루어진 한 단어 שילה(쉴로)에 있다.

NASB역은 이 네 개의 히브리어 문자를 "실로"(Shiloh)라고 표기하는데, 실로는 사사 시대, 사무엘, 다윗 때에 언약궤가 위치해 있던 곳이다. 실로라고 기록된 만큼 발음 역시 실로가 되어야 하지만 정작 실로라는 지명은 히브리 성경 어디에서도 이런 철자로 표기된 적이 없다.[1] 이런 생경한 철자 때문에 많은 성경 번역가들은 "실로"가 옳은 번역이 아닐 수 있다는 의구심을 갖는다.

이 단어를 "실로"로 번역하는 것에는 또 다른 문제가 제기된다. 그리스도의 출현 몇 세기 전에 만들어진 히브리어 구약성경의 헬라어 역본인 칠십인역 때문이다. 신약의 저자들은 구약을 인용할 때 칠십인역을 자주 사용했다. 이 칠십인역은 해당 문자를 다르게 번역하고 있는데, 문자 그대로 영어로 직역하면 이렇다. "until that which is stored away for him comes(그를 위해 남겨둔 것이 올 때까지)." 칠십인역 번역자들이 사용한 히브리어 사본은 שילה('쉴로')라는 독법을 취하지 않고 있다.

칠십인역 번역자들은 둘 중 하나로 보았다. 문제의 단어를 구성하는 네 개의 자음은 שי לה 즉, '샤이'와 '로', 이렇게 두 단어로 나뉠 수 있다

1 가장 빈번히 쓰이는 철자법은 שלה(실로)이다. 그러나 שלו(실로우) 및 שילו(쉴로우) 또한 발생한다. 더 헷갈리게 하자면, 심지어 어떤 필사가들은 창세기 49:10을 שלה(실로)라고 읽을 수 있게 "첨삭"하여, 다른 본문에서 빈번히 사용된 철자와 일치할 수 있게 했다.

는 것이다. 그럴 경우 그 결과는, "공물이 오기까지(until tribute comes)— 그에게 가져오다(is brought to him)"가 될 것이다.[2] ESV역은 이 독법을 택하고 있다. 또 한 가지 다른 가능성으로, 칠십인역 번역에 사용된 히브리어 사본에서는 해당 단어가 네 개가 아니라 세 개의 자음이었을 거란 주장이다. 그 히브리어 사본은 שלה('실로')라는 독법으로 읽혔을 수 있다. 이것은 비록 히브리어 성경에서 "실로"라는 지명을 가리킬 때 자주 사용된 철자법이지만, 칠십인역에서는 그것을 지명을 가리키는 단어로 여기지 않았을 수 있다. 그 대신 서로 다른 두 단어의 조합('쉬'+'로')으로 여겼을 수 있다. 즉, ש("that which")에 이어 לה("그에게" 또는 "~에게")가 뒤따른다. 결과적으로 그 단어는 보통 이렇게 번역된다. "that which to whom it belongs(그것이 누구에게 속하는지)." 그리고 동사("he/it comes")가 추가되면, 우리는 NIV 역과 유사한 결과를 얻게 된다. "그것이 속해 있는 그가 오기까지"(until he comes to whom it belongs).

전통적인 히브리어 본문	칠십인역이 사용한 본문: 첫 번째 가능성	칠십인역이 사용한 본문: 두 번째 가능성
שילה(쉴로)	שי לה(샤이 로)	שלה(쉬 로)
"until Shiloh comes"(NASB)	"until tribute comes to him"(ESV)	"until he comes to whom it belongs"(NIV)

2 히브리어 שַׁי(샤이, "공물"[tribute])는 사 18:7 그리고 시 68:30 및 76:12에서 사용된다.

칠십인역 본문에 대한 두 가지 독법은 둘 다 메시아적 전망을 보여준다. 두 본문은 한 인물 (특히 유다의 자손)이 출현해 백성을 통치하거나, 왕인 자신에게 공물을 가져오게 할 것에 대해 언급하는 것으로 해석된다. 다른 본문들의 메시아 예언에 관해서는 논란의 여지가 별로 없지만, 창세기 49:10는 수 세기 동안 논란이 계속되었다.

왜 할례인가?

○
○
○
●

할례는 성경에서 거의 100차례 언급된다. 할례는 구약과 신약의 신학에서 핵심이 되는 주제이기도 하다(롬 4:9-12; 갈 2:1-12; 5:1-10). 할례가 당시 이스라엘만의 전유물이라고 생각할 수 있겠지만 그건 착각이다.

할례는 하나님이 아브라함과 맺으신 언약의 표징이었다(창 17:9-14). 하지만 할례는 또 한편으로 고대 근동 지역에서 널리 시행되던 관습이었다(하지만 할례 방법이 동일한 것은 아니었다). 예레미야 9:25-26은 이스라엘의 주변 민족들이 할례를 행했던 사실을 언급하고 있다. 고고학자들은 시리아와 페니키아에서도 할례가 시행되었다는 사실을 발견했다. 발굴된 문서 자료들은 이집트 할례의 기원이 적어도 주전 2200년까지 거슬러 올라가는 것으로 가리킨다. 이는 이스라엘 민족이 이집트의 노예가 되기 수 세기 전의 일이다. 약속의 땅으로 건너가는 이스라엘 남자들에게 그들의 "애굽의 수치를…떠나게" 하기 위해 '다시' 할례(re-circumcised) 받을 것을 명했던 것을 감안하면, 이스라엘 남자들은 이집트에 있을 때 이집트 방식의 할례를 받았을 가능성도 있다(수 5:2, 9). 이러한 고고학적 증거들은 할례 자체가 이스라엘 민족을 그 주변 민족들과 구별되게 하는 것이 아니었음을 암시한다.

하나님이 아브라함에게 할례를 명하셨을 때, 아브라함은 자녀를 가질 나이가 지났고, 그의 아내 사라는 생물학적으로 수태가 불가능한 상태였다(창 18:11). 그럼에도 불구하고, 하나님은 아브라함에게 셀 수 없이 많은 자손을 주시겠다는 약속을(창 12:1-3), 반드시 사라의 태를 통하여 성취하실 것이었다(창 17:21; 18:14). 그러므로 하나님이 아브라함과 맺으신 언약은 오직 하나님의 기적적인 개입을 통해서만 실현될 수 있었다.

이삭의 기적적인 출생은 할례를 언약의 표징으로 이해하는 중요한 열쇠가 된다. 하나님이 아브라함에게 약속을 주신 후에, 아브라함 집의 모든 남자들도 할례를 행해야 했다(창 17:15-27). 모든 남자들 (그리고 남자들이 잠시 할례로 인해 무기력한 상태가 된다는 사실을 인지하는 모든 여자들)은 할례가 하나님의 약속과 연계된 것임을 알았다. 그러나 실제로 사라가 임신을 하게 될 때까지는 할례를 여전히 생뚱맞은 명령처럼 여겼을 수 있다.

아브라함 집의 모든 권속들이 이삭의 기적적인 출생을 목격했다. 바로 그 시점부터, 모든 남자들은 자신들이 할례를 받은 이유를 비로소 이해하게 되었을 것이다. 한 민족으로서 자신들의 존재 자체가 하나님의 기적적인 개입하심으로 시작되었다는 사실이다. 모든 여자들도 자신의 이스라엘 남편과 부부관계를 맺을 때마다, 그리고 둘 사이에서 태어난 아들에게 할례를 받게 할 때마다 그 사실을 상기할 수 있었다. 할례는 이스라엘 백성으로 하여금 자신들이 야훼 하나님에 의해 존재하기 시작했음을 가시적으로, 그리고 끊임없이 기억하게 하는 표징이었다. 하나님은 그들을 정말로 무(無)에서 창조하셨다.

신약에서는 하나님의 권속에게 더 이상 할례는 유효하지 않다(갈 5:6). 할례로 대표되는 유대인의 정체성이 아닌, 오직 그리스도를 믿는 믿음으로 말미암아 우리는 교회의 구성원이 된다. 바울은 세례를 할례와 연계해 설명하기도 한다(골 2:10-12). 할례처럼, 세례 또한 믿음에서 비롯되는 응답이다. 그리고 이 두 가지 모두 남자와 여자를 위한 것이기도 하다.

버려진 아기와 바구니 사건

○
○
○
●

오늘날 인기 있는 이야기들 중에서 시작부터 특권층이었는데 위대한 인물이 되는 경우는 드물다. 대개 그러한 인물은 고아원 현관 앞에 버려지거나 비가 쏟아지는 밤에 어느 모퉁이에서 발견된다. 이러한 문학적 모티프는, 원래는 버려진 아기라는 주제를 사용해 무명에서 위대한 영웅의 입지로 발돋움하는 인물을 규명하는 고대의 이야기에 그 뿌리를 두고 있다. 모세의 출생과 관련한 성경 기사에서도 그러한 모티프를 발견할 수 있다. 하지만 그게 이야기의 전부일까?

모세 이야기는 이집트의 파라오가 히브리인들의 인구 증가에 위협을 느끼고 히브리인 사내 아기들을 전부 죽일 것을 명령하는 장면에서 시작한다(출 1:16-22). 모세의 모친은 자신의 갓난아기를 3개월 동안 숨겨 키우다가 위험 부담은 있지만 성공 가능성도 꽤 있는 계획을 짜낸다. 갈대로 상자를 만들고 역청과 나무 진으로 바구니에 방수 작업을 한 다음, 아기를 그 안에 담아 나일 강에 띄우는 것이다(2:1-3). 모세의 누이 미리암은 갈대 상자가 파라오의 딸이 목욕하는 곳까지 떠내려가는 것을 지켜본다. 하나님은 이러한 상황을 통해 모세가 이집트 통치자의 보호 아래 자라게 하신다(2:4-10).

성경 밖의 고대 문헌에서도 이와 유사한 이야기들이 발견되고 있다. 원수가 잠재적 위협으로 간주한 한 아기가 버려졌다가 이후 신적인 개입 또는 어떤 초자연적 상황 때문에 목숨을 보존한다는 것이다. 대략 30여 개의 이 같은 이야기들이 메소포타미아, 가나안, 그리스, 이집트, 로마 그리고 인도의 고대 문헌들에 남아 있다.

사르곤 출생 신화(Sargon Birth Legend)로 알려진 고대 메소포타미아의 설화에는 성경의 기사와 가장 충격적으로 유사한 스토리가 담겨 있다. 그 이야기는 모세 시대보다 몇 세기 앞선 주전 2000년경, 다수의 수메르 도시 국가들을 통치했던 아카드의 군주, 사르곤 대왕의 출생과 관련 있다. 큰 위험 속에서 한 사내아이가 태어난다. 아이를 낳은 여인은 여사제였고, 아기는 사생아였다. 결국 모친은 아기를 갈대 상자에 넣어 강물에 띄워보낸다. 아이는 키시(Kish) 마을의 아키(Akki)라는 한 정원사에 의해 구출되고 길러진다. 여신 이슈타르(Ishtar)가 아이에게 관심을 갖고 왕권의 길로 들어서게 하기 전까지 아이는 아키를 따라 정원사가 된다.

어떤 이들은 모세의 출생과 관련한 성경 기사가 사르곤의 출생 신화에 기초한 것이라고 추측한다. 그러나 그럴 가능성은 적다. 비록 고대 수메르의 사르곤 대왕의 기사의 연대가 모세 시대보다 앞서지만, 그의 출생 설화와 관련한 내용은 단지 네 개의 토판 파편들—셋은 신아시리아(Neo-Assyrian) 왕조 때(주전 934-605) 제작된 것, 하나는 신바벨론(Neo-Babylonian) 왕조 때(주전 626-539) 제작된 것—을 통해서만 알려진다. 신아시리아 왕조 때 아시리아의 한 군주가 스스로 사르곤 2세란 이름을 취하고 그 동명인에 관한 전설을 기록하도록 명령했을 가능성이 높다(주전 722-705). 그렇게 함으로써, 그는 자신의 존재를 고대의 영웅과 연계시키고, 스스로를 "다시 태어난 사르곤" 같은 인물로 신화화하려 했을 수 있다. 그럴 경우 그 탄생 설화는 성경의 모세 이야기가 있고 나서 한참 후에 정치적 목적으로 작성된 것일 수 있다.

사르곤 출생 신화 같은 설화들의 존재는 오히려 우리가 성경 이야기를 더 잘 이해하도록 돕는 측면이 있다. 그 설화들은 버려진 아기라는 테마가 고대 세계에 보편적이던 하나의 문학 장치임을 보여준다. 그 설화들은 운명에 의해 또는 신의 호의를 얻은 후에 위대한 인물로 급부상한 평범한 집안 출신의 어떤 인물을 소개하기 위해 그런 문학 장치를 사용했다. 이러한 영웅 탄생 설화에서 공통적으로 발견되는 신분 상승의 요소들은 고대의 독자들로 하여금 핵심 인물의 정체를 규명하고 그 업적에 대한 존경심을 불어넣게 했다.

그러나 모세의 이야기는 단지 그런 유사한 설화들 가운데 하나가 아니다. 이집트인들에게는 신격화된 존재인 파라오의 집에서 모세가 잠시 호의와 보호를 얻은 것처럼 보이지만, 그의 인생은 곧 놀라운 전환점을 맞이한다. 모세는 파라오가 자신을 죽일 것이란 두려움 속에서 이집트 왕국을 결국 떠나게 된다. 그때부터 이야기는 다시 시작된다. 이제 야훼가 미디안 광야의 "입이 뻣뻣하고 혀가 둔한" 미천한 목자(4:10)에 불과한 모세 앞에 나타나신다. 하나님은 모세에게 파라오 앞에서 그가 야훼의 대변인으로 서야 할 것과 백성들을 이집트에서 인도해 낼 것을 말씀하신다.

모세는 고대 문화의 유사 설화들과 구분되는 두드러진 차이를 보인다. 그는 다른 설화에서처럼 특별히 선택 받은 영웅이 되어 승승장구하지 않는다. 모세는 구원을 받았지만 여전히 곤궁한 형편에서 다른 이들의 구원을 이끌 뿐이다. 모세는 선택 받은 영웅에 대한 새로운 모델의 신기원으로, 오직 다른 사람들의 유익을 위해 높임을 받은 인물이다. 세속 왕국들의 설화와는 정반대로, 모세의 이야기는 모세 개인의 업적이 아닌 하나님 나라를 위한 하나님의 주권적인 놀라운 역사를 설명한다. 하나님의 가치 기준과 평가는 인간의 그것과는 사뭇 다르다. 삶을 돌이켜볼 때마다 종종 깨닫게 되는 것처럼, 우리는 그 사실 때문에 오히려 감사하게 된다.

우리가 가르치지 않은 용기 있는 이야기

○

○

○

●

출애굽기 4:21-26이 기술하는 모세와 하나님의 만남은 성경에 기록된 가장 이해하기 어려운 희한한 사건 가운데 하나다. 이 본문에서 모세는 이집트로 돌아가는 길목에 있다. 외견상으론 파라오의 손아귀에서 이스라엘 백성을 구해 내라는 하나님의 부르심을 따르고 있는 것처럼 보인다. 그런데 곧이어 뭔가 충격적인 장면이 벌어진다.

> 여호와께서 모세에게 이르시되 네가 애굽으로 돌아가거든 내가 네 손에 준 이적을 바로 앞에서 다 행하라 그러나 내가 그의 마음을 완악하게 한즉 그가 백성을 보내 주지 아니하리니 너는 바로에게 이르기를 여호와의 말씀에 이스라엘은 내 아들 내 장자라 내가 네게 이르기를 내 아들을 보내 주어 나를 섬기게 하라 하여도 네가 보내 주기를 거절하니 내가 네 아

들 네 장자를 죽이리라 하셨다 하라 하시니라 모세가 길을 가다가 숙소에 있을 때에 여호와께서 그를 만나사 그를 죽이려 하신지라 십보라가 돌칼을 가져다가 그의 아들의 포피를 베어 그의 발에 갖다 대며 이르되 당신은 참으로 내게 피 남편이로다 하니 여호와께서 그를 놓아 주시니라 그때에 십보라가 피 남편이라 함은 할례 때문이었더라.

이 본문은 해석이 난해하고 어려울 뿐 아니라, 여러 의문들이 생긴다. 하나님은 이스라엘을 구원하시려고 모세를 부르셨다. 그런데 왜 곧바로 그를 죽이려 하셨는가? 이 신학적 난제 말고도 이 본문엔 다른 모호한 사안들이 있다. 모세의 아내 십보라(출 2:21)가 위기의 순간에 아들 게르솜에게 할례를 행하고 그 포피를 모세의 "발"에 갖다 대는 행위로 이러한 위기에 대처하는 장면에서는 당혹스러움과 놀라움을 금할 수 없다. 이것은 무슨 의미인가? 어째서 십보라의 그 행동이 하나님의 진노를 달랠 수 있었는가?

잘못한 일: 모세의 태만

이 본문을 히브리어 원문으로 살펴보면, "모세의 발에 갖다 대며"(개역개정, '그의 발에 갖다 대며')로 번역된 구문에는 사실 모세의 이름이 등장하지 않는다. 본문의 문자적 번역은 "'그의' 발에 대었다"가 된다. 사건의 흐름상 십보라는 그 포피를 취해서 모세 또는 게르솜에게 갖다 대었을 수 있다. 이런 추론이 ('그'를 '모세'로 치환하는) 본문 해석에 영향을 미쳤을 것이다. 게다가 앞뒤 맥락을 보면, 모세가 주요 인물로 등장하기에 하나님이 게르솜이 아닌 모세에게 화를 내셨다고 결론짓는 게 타당해 보인다.

하나님은 왜 화가 나셨을까? 우리는 다음의 두 가지 고려 사항으로부터 답을 도출해 볼 수 있다. 우선, 이집트인들의 할례와 아브라함 언약에서 제정된 할례 사이의 차이(수 5:2-9; 창 17장), 그리고 모세의 출생과 유년 시절의 상황(출 1-2장)이다.

이집트인들도 할례를 행했지만 이집트의 할례는 포피를 제거하는(remove) 대신 포피에 상처를 내는(split) 시술이었다. 어느 히브리인이는 이집트에서 태어나 이런 방식으로 할례를 받았다면 그것은 하나님의 언약의 방식을 따른 것이 아니었다. 여호수아 5:2는 이스라엘 남자들 가운데 일부가 "다시"(a second time) 할례를 받아야 했다고 말한다. 여기서 우리는 이집트식의 할례 행위에 뭔가 용납되기 어려운 부분이 있었을 것으로 추론할 수 있다. 따라서 그렇다면 여호수아 5장의 의식은 어떤 이들에게는 두 번째 경험하는 할례였을 것이고, 광야 길에서 태어난 이들에게는 첫 번째 할례였을 것이다(수 5:4). 할례는 단지 이스라엘 남자들에게만 표징이 아니라 여자들에게도 유효한 표징이었다. 히브리 여자들은 반드시 히브리 남자와 결혼해야 했고 다른 신들을 섬기는 사람과는 결혼할 수 없었다. 따라서 이스라엘의 모든 결혼한 남자는 이스라엘인 아내에게 "피 남편"(bridegroom of blood)—즉 할례 시술로 피의 의식을 치른 남편—이 되었다.

다른 이스라엘 남자들은 길갈에 진을 치기 전에 이미 할례를 받았던 것을 감안하면(일부는 "다시"; 수 5:2), 모세는 그때까지 할례를 받지 않았거나 또는 이집트의 관습에 따른 할례를 받았을 것으로 추정할 수 있다. 만약 모세가 히브리인임을 표시하는 할례를 몸에 지녔었다면, 파라오의 왕궁에 거할 당시 위험을 초래했을 가능성이 높다.

출애굽기 4장에서 하나님이 모세에게 화를 내신 이유는 그가 이집트를 탈출한 후 미디안에서 자유인으로 생활하면서도 하나님의 언약 의식을 따르는 일에 부주의했기 때문인 것으로 보인다. 출애굽기는 미디안 사람들이 시내 산의 하나님을 알고 있었고 할례를 행했음을 암시하고 있다. 더욱이 십보라도 할례 의식을 행하는 방법을 알고 있었다(출 4:25). 하나님이 이스라엘을 구원하기 위해 모세를 자신의 대언자로 택하신 만큼, 모세가 언약의 순종에 소홀한 것은 문제가 될 수 있었다.

잘한 일: 십보라의 용기

포피를 "발"에 갖다 댄다? 그것은 무슨 의미일까? 그것은 정상적인 할례 의식의 일부가 아니다. 그러나 여기서 "발"(רגל, 레겔)로 번역된 히브리어는 성기 또는 성적 노출을 포함한 성기의 기능과 관련된 완곡어법으로도 사용된다(참조. 삿 3:24; 삼상 24:3; 겔 16:25; 룻 3:4, 7). 따라서 출애굽기 4:25의 묘사는 십보라가 아들 게르솜에게 할례를 행한 후, 그 아들의 포피를 모세의 성기에 갖다 댐으로써, 모세에게 상징적으로 할례가 전가되게 했다는 것으로 해석되어야 비로소 이해된다.

십보라가 행한 이 같은 의식은 분별력 있을 뿐 아니라 용기 있는 행동이었다. 이스라엘의 할례는 오직 종교적 의무에서만 행해졌고, 오직 남자들에 의해서만 행해졌다. 그런데 모세는 그동안 그 의식을 소홀히 했고, 이제는 모세와 십보라 그리고 어린 게르솜이 이집트로 돌아가는 여정 중에 있었다. 모세가 지금 할례를 받으면 그는 한동안 여정을 이어갈 수 없을 것이다. 따라서 십보라는 아들 게르솜에게 먼저 할례를 행하고, 이후 상징적인 방식으로 모세에게 그것을 행했을 것이나. 그녀의 이런 행동은 전례가 없지만 반드시 필요한 것이었다. 십보라는 믿음으로 행동했고, 이에 하나님은 그 진노를 누그러뜨리셨다. 십보라는 모세의 생명을 구했을 뿐 아니라 그의 태만을 속죄하게 했다. 그리고 이제 모세는 온전한 "피 남편"이 될 수 있었다.

이 본문에도 교훈이 있는가?

우리는 성경의 어려운 본문들을 겁먹고 피하기만 해서는 안 된다. 이 본문의 맥락을 살핌으로써 우리는 하나님의 진노가 변덕스럽거나 불

합리한 것이 아님을 다시 한 번 확인하게 된다. 이 특이한 에피소드는 또한 우리에게 여러 교훈을 제공한다. 하나님이 요구하시는 것을 우리는 결코 소홀히해서는 안 될 것이다. 만약 모세가 이집트를 떠난 후 할례 언약의 의식에 순종했다면, 그의 생명—그리고 하나님의 종으로서의 그의 역할—은 위기에 처하지 않았을 것이다. 우리도 때로는 옳은 것이라면, 그것을 반드시 행동으로 옮길 수 있는 용기가 필요하다. 심지어 그것이 외견상 엉뚱한 일처럼 보일지라도 말이다. 그런 사안들과 관련하여 우리가 뭔가를 경홀히 여긴다면 하나님의 영광을 위해 우리가 사용되는 일에도 걸림돌이 생길 수 있다.

십계명 세어보기

○

○

○

●

성경의 대다수 내용 및 서구 문화의 기저에 자리하고 있는 유대-기독교적 세계관에서 항구적이라고 할 수 있는 요소 중 하나로 십계명(Decalogue, Ten Commandments)을 꼽을 수 있다. 십계명을 암송하지는 못한다고 하더라도, 대개의 사람들은 (찰턴 헤스턴이 연기한 고전 영화 ≪십계≫의 주인공으로 기억되는) 모세가 경외의 시선으로 바라보는 가운데, 두 돌판에 하나님의 불꽃 같은 손가락이 십계명을 새기는 장면을 떠올릴 수 있을 것이다.

그런데 우리는 유대교와 기독교에서 가르치는 십계명의 항목이 말할 필요도 없이 언제나 일치했을 거라고 너무나 당연하게 생각하는 것 같다. 하지만 엄밀히 말하자면, 그건 아니다.

역사적으로도, 유대인과 기독교인은 (그리고 심지어 기독교 내 여러 교파에서조차) 십계명의 정확한 목록과 기술 방식에 대해 서로 의견을 달리해 왔다. 실제로 십계명을 어떻게 기술하는가에 관한 문제는 프로테스탄트 종교개혁 당시 중요한 고려 사항이 되기도 했다. 그 견해 차이는 모세가 시내 산에서 최초로 받았던 십계명 목록인 출애굽기 20:2-17의 첫 여섯 구절과 마지막 두 구절에 기록된 계명의 개수와 관련된 것이다.[1]

십계명의 목록과 기술 방식에서 서로 견해 차이를 드러내는 그 이면에 어떤 사고가 자리하는지 이해하기 위해서는 먼저 한 가지 사항에 주목할 필요가 있다. 계명을 어떤 방식으로 나열하든 그 목록의 총 개수는 열 개여야 한다는 점이다. 성경의 다른 세 본문에서 그 계명의 개수를 총 열 개로 확정하고 있기 때문이다. 출애굽기 34:28, 신명기 4:13, 그리고 신명기 10:4의 각 본문은 하나님이 시내 산에서 모세에게 '아세레트 하드바림'("열 개의 말씀"; "열 개의 진술")을 주셨다고 분명히 말한다.

흥미로운 사실은 출애굽기 20:2(비교. 신 5:6)의 진술에는 명령조의 분위기가 전혀 없는데도, 유대인들의 전통은 이 구절의 진술을 명령으로 다루고 있다는 점이다. 이것이 가능했던 이유는 출애굽기 20장과 신명기 5장 내용을 언급할 때, 구약의 히브리어 본문이 '아세레트 하미츠봇'("열 개의 계명") 대신 '아세레트 하드바림'("열 개의 말씀")이란 표현만을

1 두 번째로 기록된 십계명 목록은 신 5:6-21을 보라.

사용한다는 사실에서 비롯된다. 출애굽기 20:2을 열 개 가운데 첫 번째 "말씀"으로 간주한 후에, 3-6절은 그 논지상 단일한 금지사항(우상 숭배 금지)으로 이해한 것이다.

사실 단일한 내용으로 묶인 이 3-6절 안에는 세 개의 명령조의 진술이 들어 있다("너는 나 외에는 다른 신들을 네게 두지 말라"; "[너는] 너를 위하여 새긴 우상을 만들지 말[라]"; "[너는] 그것들에게 절하지 말며 그것들을 섬기지 말라"). 그러나 이 모두를 각각 별도의 명령으로 간주하면 계명의 총합이 열 개를 초과하게 된다.

출애굽기 20장에 대한 기독교의 견해는 히브리 용어 '아세레트 하드바림'("열 개의 말씀")에 그 근거를 두고 있지 않다. 따라서 기독교 신앙 체계에서는 첫 구절을 십계명의 첫 번째 항목으로 간주하지 않는다. 그 결과, 출애굽기 20:2-6 본문 전체가 하나의 출발점으로 간주되었고, 명령조의 진술(너는 ~하지 말라)은 오늘날 널리 통용되는 "계명"이란 용어로 불리게 되었다.

로마 가톨릭, 영국 국교회, 그리고 루터교회에 의해 받아들여진 번호 매김 방식은 아우구스티누스로부터 비롯되었다. 그들이 이 방식을 선호하긴 하지만 아우구스티누스의 번호 매김 자체를 불변의 교리처럼 다루지는 않는다. 「가톨릭 교회 교리서」(Catechism of the Catholic Church) 제2066항은 "십계명의 분류와 번호 매김은 역사의 흐름에 따

라 변해 왔다"는 사실을 인정하고 있다.[2]

개혁주의 전통의 개신교와 그리스 정교회 역시 1절이 하나의 명령이란 주장을 받아들이지 않는다. 그러나 3절을 4-6절과는 별도로 구분해 각각 첫째 계명과 둘째 계명으로 간주한다. 다만 이런 견해 역시 불변의 교리처럼 받아들이는 입장은 아니다.

마지막 두 구절(16, 17절)도 십계명의 번호 매김과 그 내용 기술에 있어 의견을 달리하는 또다른 중요 대목이다. 로마 가톨릭, 영국 국교회, 그리고 루터교회는 열 개의 목록으로 맞추기 위해 출애굽기 20:17을 두 계명으로 분리하는데, 그들에게 이것은 출애굽기 20:2-6을 첫 계명으로 보는 데 따르는 필연적 관점이었다. 이러한 분리는 다소 의아한 면이 있다. 17절의 내용 전체가 사람의 집과 소유에 관한 하나의 주제를 말하기 때문이다. 앞서 십계명 서두의 진술들을 하나의 주제로 묶어서 다룬 것을 감안하면 더욱 그렇다. 십계명의 서두는 하나의 주제처럼 묶어서 다루고 십계명의 마지막은 서로 다른 주제처럼 분리해 다루는 방식은 일관성이 떨어진다. 십계명을 열 가지 항목으로 어떻게든 분류하고자 일부러 애쓴 것이 아니라면 말이다.

십계명의 분류와 번호 매김에 대한 의견 불일치에도 불구하고, 성경을 진지하게 생각하는 유대인과 기독교인 양쪽 모두에게 십계명이 유대-기독교 윤리의 도덕적 핵심이라는 데에는 의심의 여지가 없다. 십계

---

2 *Catechism of the Catholic Church*, 2nd ed. (Doubleday, 2003). 또한 출애굽기 20장에 대한 *The Jerusalem Bible* (Doubleday, 1966)의 해설 20a를 보라.

명의 항목을 계수하는 방법에 대한 확신이 다소 부족하다고 하더라도, 하나님에 대한 경외심과 우리의 동료 인간을 향한 존중심의 중요성을 인식하는 것에는 아무런 장애가 되지 않는다.[3]

3 이 주제와 관련하여 견해 차이를 비교할 수 있는 도표를 보려면 다음 웹사이트를 참고하라. http://www.biblestudymagazine.com/interactive/commandments/.

죄를 사하기 위해 속죄제를 드린다고?

○

○

○

●

히브리서 10:4는 "황소와 염소의 피가 능히 죄를 없이 하지 못함이라"고 말한다. 그러나 레위기는 다른 이야기를 하고 있는 것처럼 보인다. 레위기를 대충 훑어만 봐도, 우리는 합당한 제물을 가져오는 이스라엘 사람은 죄 "사함을 받게"(shall be forgiven) 되는 것을 본다(예, 레 4:20, 26, 31, 35; 5:10, 13, 16, 18). 뭐가 어떻게 된 것일까?

이것을 섣불리 모순으로 치부하기 전에, 구약의 희생 제사, 특히 속죄제에 대한 우리의 인식을 먼저 점검해 볼 필요가 있다. "속죄제"(Sin offering)는 기본적으로, "과녁을 빗나가다" 또는 "기준에 미치지 못하다"라는 의미가 내포된 히브리어 '하타트'(חַטָּאת)란 단어의 번역이다. 영역본의 경우 이 전통적이고 익숙한 표현을 사용하면서, 희생 제사에 대한 오해를 불러일으키는 원인을 제공했다.

속죄제의 목적

"속죄제"라는 이름만 보면 그 제사의 목적이 도덕적 실패 또는 위반, 즉 우리가 소위 죄라고 여기는 것들에 대한 용서라고 생각하게 한다. 그러나 레위기를 읽어보면 그렇지 않다는 사실을 알게 된다. 속죄제는 사람이 몸의 유출병으로 고통을 받을 때(레 15장), 제단 봉헌 때(레 8장), 또는 정결하게 되는 기한이 차면(레 12장) 드려졌다.

속죄제의 진짜 목적은 의식적으로 정결해지는 것(ritual purification)이었다. 그것은 신성한 공간—하나님의 임재로 성결해진 영역—을 부정한 것에 의한 감염으로부터 막기 위해 마련되었다. 그 정의상, 모든 사람 또는 물건은 하나님의 완전함에 "미치지 못하므로", 따라서 거룩한 땅에 들어갈 만하도록 용납되었다는 사실이 반드시 의식적으로 표시되어야 했다. 그런 의미에서 "정결제"(purification offering)로 부르는 것이 더 바람직해 보이는 이 속죄제는, 하나님 앞에 받아들여질 만한 대상임을 표시하기 위한 목적으로 사람들과 무생물체에 적용되었다. 그 대상이 되는 사람들(그리고 사물들)은 무슨 악을 행했기 때문이라서가 아니라 그저 그들이 본래 완전하지 못하기 때문에 하나님께 받아들여질 수 없었다. 그들은 하나님의 임재가 요구하는 거룩한 완전함에 온전히 "미치지 못했다." 그러한 정결 의식을 통해 하나님은 우리와 완전히 다르신 분이라는 타자성(otherness) 개념이 더욱 강화될 수 있었다.

공동체 내에서 (제사장이든 일반 백성이든) 개인의 신분이 어떠하냐에 따라 제물의 피가 성소 밖 또는 성소 안에서 사용되었다. 속죄제가 제사장을 위한 것일 때에는 그 피를 성소 '안으로' 들였다. 이것은 제사장이 본래는 성소의 거룩한 땅에 들어갈 자격이 없음에도 들어갈 수 있도록 용납되었음을 의미했다. 대속죄일(Day of Atonement, 레 16장)에는 속죄제물의 피를 가장 거룩한 지성소의 속죄소(시은좌, 언약궤를 덮는 정금판) 앞에 들였다. 대제사장이 다른 누구보다 더 큰 죄를 범했기 때문이 아니라, 이날에는 그가 하나님의 거룩한 임재 앞으로 더 가까이 나아갈 필요가 있었기 때문이다. 속죄제는 하나님에게 나아가기 위해 정결하게 되는 것과 관련된 것이었다.

그렇다면 죄 사함은?

하지만 만약 구약의 속죄제가 사람들의 도덕적 죄책을 씻어낸 것이 아니라면, 이로써 "사함을 받는다"(forgiven)는 표현은 무엇을 의미하는가? 그리고 사람들이 악을 행했을 때는 무슨 일이 있어났는가?

"죄를 사하다" 또는 "용서하다"(סלח, 살라흐)로 번역된 히브리어 동사는 본질적으로 "긍정적으로 내키게 되다, 긍정적인 태도를 취하다"란 의미를 갖는다. 정결이라는 맥락에서 보면, 어떤 사람 또는 물건이 하나님의 임재 안으로 들어오도록 하나님이 승인하신다는 의미가 있다. 이 동사가 다른 곳에서는 도덕적 죄책을 언급할 때 사용될 수 있지만(예, 시

25:11), 레위기의 희생 제사와 직접 관련될 때는, 죄의 사면이 아니라 하나님의 임재 안으로 들어가도록 받아들여진다는 의미를 갖는다.

하나님의 도덕법을 고의적으로 위반하는 행위는 (구제할 수단이 없어 사형에 처하는 경우, 그리고 배상을 해야 하는 경우 이렇게) 크게 두 가지 범주로 분류되어 그에 맞게 처분되었다. 후자의 경우에, 구약의 율법은 가해자들이 복권되기 위하여 피해자들에게 배상할 것을 요구했다.

이러한 맥락에서 볼 때, 히브리서 10:4의 말씀은 정확한 지적이다. 구약의 희생 제사는 영적으로든 도덕적으로든 사람들을 죄책에서 해방시킬 수 없었다. 희생 제사는 사람들로 하여금 한시적이면서도 궁극적으로는 불충분한 제사 제도에 참여하도록 허락하면서 하나님이 본성상 어떠한 분이신지를 깨닫게 하는 주요 방편이었다. 거룩하신 하나님 앞에서 드려진 예수 그리스도의 위대하고 완전한 희생만이 오직 우리의 도덕적 죄책의 문제를 완전히 해결할 수 있다.

자세히 보면 귀신 이야기

○

○

○

●

레위기 16장에서 묘사하는 '욤 키푸르', 대속죄일(Day of Atonement)은 비록 오늘날에는 고대 시대처럼 시행되고 있지는 않지만 유대인들의 신앙에서 여전히 핵심적인 요소에 해당한다. 이 날에 대해 들어본 적이 있는 많은 그리스도인들이 정작 레위기 16장 배후에 숨어 있는 불길한 그림자에 대해 알고 나면 깜짝 놀라곤 한다.

대속죄일의 의식에는 숫양 한 마리, 수송아지 한 마리, 그리고 숫염소 두 마리를 제물로 삼았다(레 16:3-5). 숫양은 번제물로서 하나님의 기쁨을 위해 드렸다(레 16:3-4). "(소떼) 무리에서"(from the herd, esv역) 수송아지를 가져와 대제사장 아론과 그의 집안을 위한 속죄제물로 드렸다. 이 경우 속죄제를 통해 제사장은 의식적으로 정결한 상태로 회복되며, 신성한 장소에 들어가 하나님의 임재 가까이로 나아갈 수 있었다.

그리고 "이스라엘 자손의 회중에게서" 속죄제물로 숫염소 두 마리를 가져왔다. 특이하게도 한 번의 속죄제에 두 마리의 제물이 필요했다(레 16:5). 여기 말고 다른 본문에선 한 마리만 속죄제물로 드렸다(예, 레 4:1-12). 숫염소는 왜 두 마리일까?

대제사장은 숫염소 두 마리를 놓고 제비를 뽑아 그중 한 마리를 "여호와를 위한" 속죄제물로 선택했다(레 16:8). 그 염소의 피는 백성을 정결하게 하기 위해 뿌려졌다. 다른 한 염소는 제물로 바쳐지거나 "여호와를 위한" 것으로 지정되지 않았다. 오히려 (백성의 모든 죄를 이스라엘 진영에서 광야로 옮기는 상징성을 갖는) 이 염소는 "아사셀을 위한" 것으로 지정되었다(레 16:8-10).

히브리어 아사셀(עזאזל)은 레위기 16장에서 네 차례 등장하고 성경의 다른 곳에서는 발견되지 않는다. 많은 역본에서 이 용어를 "그 떠나는 염소"(the goat that goes away)라는 문구로 표현하길 선호한다. KJV의 "희생양"(scapegoat)이란 표현도 이와 유사한 개념을 전달한다. 다른 역본들은 이 용어를 그저 아사셀이라는 하나의 '이름'으로 취급한다. "희생양"(scapegoat)이라는 번역도 가능한 선택지이긴 하지만, "아사셀을 위하여"라는 문구가 "여호와를 위하여"라는 문구와 병행을 이룬다는 점을 볼 때, 그 표현은 신적인 두 존재가 두 마리의 숫염소에 의해 대비되고 있음을 시사한다고 봐야 할 것이다.

해당 히브리어를 아사셀이란 이름으로 번역하는 데에는 강력한 근거가 존재한다. 고대의 유대 문헌을 살펴보면, 아사셀이 광야와 관련된 어떤 귀신적 존재로 이해되고 있었음을 확인할 수 있다.[1] 유대교의 미쉬나(주후 200년경; 요마[Yoma] 6:6) 기록에 따르면, 아사셀을 위한 염소가 절벽으로 끌려가 밀쳐졌다는 것이다. 그 염소를 확실히 죽게 해서 다시 이스라엘 진영으로 돌아오지 못하게 하려는 의도가 있었다. 광야가 악한 것과 연관되어 있다는 점은 신약성경에서도 명백히 드러난다. 예수님이 마귀를 대면하신 곳이 광야였지 않은가(마 4:1). 또한 레위기 17:7에서 우리는 이스라엘 백성들이 "숫염소 귀신"(goat demons, 개역개정, '숫염소')에게 희생 제사를 드리며 음란하게 섬겼던 사실을 보게 된다. 이 불법적인 악행은 대속죄일의 제정으로 제거되었다.

아사셀을 위한 두 번째 숫염소는 이방 신 또는 귀신에게 희생 제물의 자격으로 광야로 보내진 게 아니었다. 살아 있는 염소를 부정하고 사악한 땅인 광야로 내보내는 행위는 백성들의 죄를 그것이 본래 속한 곳 (즉 귀신들의 영역)으로 돌려보낸다는 의미였다. 숫염소 한 마리는 백성을 정결하게 하고 하나님 앞에 나아가게 하기 위해 바치고, 또 다른 숫염소 한 마리는 백성의 죄를 귀신의 영역으로 옮기기 위해 광야로 내보내는, 1년에 한번 치르는 의식이었다. 이 의식을 통해 백성들은 참 되신 하나님과 그분의 거룩하고 긍휼하신 성품을 새롭게 인식할 수 있었다.

---

1 이 시대의 유대 문헌들은 그 이름을 "아사셀"(Azazel), "아자엘"(Azael), "아사엘"(Asael) 등으로 쓰고 있다. 에녹1서 8:1, 9:6, 10:4–8, 13:1 같은 문헌에서 그 존재는 타락한 천사 또는 에덴의 뱀으로 여겨졌다. (비교. 에녹1서 54:5–6; 55:4; 69:2; 아브라함 묵시서[Apocalypse of Abraham] 13:6–14; 14:4–6).

여기서 잠깐!

인류의 모든 죄를 위해 예수님이 십자가에서 죽으셨을 당시, 예수님은 예루살렘 성 밖에서 십자가에 못박히셨다. 이 사실은 백성들의 죄를 짊어진 두 번째 숫염소가 이스라엘 진영 밖을 나와 아사셀에게로 향하며 광야로 쫓겨나는 장면을 떠올리게 한다. 예수님은 모든 죄인을 위해 영단번에 죽으심으로 대속죄일의 의식이 더 이상 필요하지 않게 하셨다.

Love Potion No. 5*: 민수기 5장

○

○

○

●

민수기 5:11-31에 관한 설교를 들은 적이 있는가? 장담하는데 들어본 기억이 없을 것이다.

성경과 관련한 대화에서 내가 사람들에게 언급하기 좋아하는 표현 중 하나는 "만약 이상한 본문이라면, 그것은 중요한 본문이다"라는 것이다. 여기 소개하는 본문은 그 두 가지 측면을 모두 충족시키고 있다. 본문의 이상함과 어색함은 쉽게 감지될 수 있지만, 신중하고 촘촘한 성경 읽기만이 그 내포된 중요한 의미를 끌어낼 수 있다.

민수기 5:11-31은 간통죄로 의심 받는 여자의 유무죄를 판가름하기 위한 어떤 물 의식에 대해 기술하고 있다. 남편은 의심스러운 아내를 제

---

* 저자가 The Searchers의 《Love Potion No. 9》(사랑의 묘약 제9번)이라는 곡의 제목을 패러디한 것이다. 동명의 영화(1992)도 있다—편집자.

사장에게 데려오고, "죄악을 기억나게 하는" 소제물(grain offering)을 함께 가져온다. 이에 제사장은 성막 바닥의 티끌을 섞은 물을 토기에 담아 준비한다(5:16-17). 그리고 그 티끌 섞은 물에 그 여인을 향한 저주가 기록된 두루마리의 글자를 빨아 넣게 한다(5:23). 저주들이 기록되었다가 다시 지워지는 과정에서 글자의 내용물 또는 잉크가 티끌 섞은 물에 들어가는 식이었다. 여인의 무죄 또는 유죄 여부에 따른 제사장의 축복 또는 저주의 기원에 따라, 여인은 "아멘 아멘"으로 화답한 후, 그렇게 조제된 혼합물을 마셔야 했다. 만약 그녀가 죄를 범했을 경우에는 그녀가 마신 쓴 혼합물이 고통과 불임을 유발하게 될 것이다. 반면에, 만약 그런 반응이 나타나지 않는다면, 그녀는 죄가 없었던 것으로 간주될 것이다(5:27-31).[1]

민수기 5장의 지침은 하나님이 직접 주신 것이었기 때문에(5:11), 물을 이용한 판별법(water ordeal)은 일종의 신탁의 도구 또는 예언적 술법(divination)이었다고 할 수 있다. 이런 의식을 통해 인간은 답할 수 없는 물음에 하나님이 해답을 주실 것으로 예견했다. 이스라엘이 그러한 신탁의 도구를 사용할 수 있었음은 그리 놀라운 사실이 아니다. 가령 대제사장은 우림과 둠밈을 사용했고, 성경의 여러 인물들도 중요 사안에 관한 하나님의 뜻을 분별하기 위해 제비뽑기를 이용하곤 했다(수 18:6-

1 성경 시대의 고대 근동 세계 문헌에도 이러한 절차와 직접적으로 비견되는 사례들이 있다. 예를 들면, 함무라비 법전(COS 2.31)의 규범들 가운데 하나는 간통죄로 고발당한 여인에 대하여 강을 이용한 판별법(river ordeal)을 시행한 사례와 관련된다.

8; 잠 16:33; 행 1:26).[2]

성경의 다른 본문에서는 그와 같은 행위가 엄격히 금지되었던 것을 감안할 때(예, 신 18:9-14), 이 본문은 성경 인물들이 예언적 술법을 예외적으로 허락받은 이유에 대한 논의의 유익한 출발점이 될 수 있다.[3] 다만 우리는 여기서 이 본문이 함의하고 있는 실천적인 적용점에 주안점을 두고자 한다.

성경을 공부하는 학생이라면 간음죄는 고대 이스라엘에서 사형에 해당하는 죄였음을 충분히 인지할 것이다(레 20:10-11). 하지만 놀랍게도 민수기 5:11-31 본문의 경우, 유죄로 판명된 여인에게 주어지는 형벌은 사형이 아니다. 이 본문은 간음(adultery)에 해당하는 보편적인 단어(נאף, 나아프)—사형과 관련된 단어—를 사용하지 않고 있으며, 따라서 사형을 받을 만한 중죄와는 차별을 두고 있다. 왜 이러한 차이가 있을까?

그 이유는 유죄 판결을 받은 여인이 간음 현장에서 발각된 것이 아니기 때문이란 사실에 기인한다(민 5:13). 그런 사례이기 때문에 이러한 물에 의한 판별법을 통해, 마을 사람들 그리고 특히 그 분노한 남편의

---

2 우림과 둠밈의 정확한 본질과 그 사용 방식에 대해서는 알려지지 않고 있다. 이 용어들에 대한 문자적 번역은 "빛과 완전함"이라고 할 수 있다. 삼상 14:36-42의 전통 히브리어 본문(마소라 사본)에서는 신탁의 도구로서의 우림과 둠밈이 제비뽑기와는 구별되고 있다. 그러나 구약의 헬라어 역본인 칠십인역을 따르는 영역본 성경에서는 이 같은 사실이 대개 불명료하다(예, ESV).

3 참고. Michael S. Heiser, "The Old Testament Response to Ancient Near Eastern Pagan Divination Practices," available at http://www.michaelsheiser.com/otanedivination.pdf.

손에서 문제가 임의로 처리될 가능성을 효과적으로 방지할 수 있었다. 그러한 판별법은 간음죄로 의심을 받는 여인, 또는 누군가의 악의나 질투의 대상이 될 수 있는 여인을 위한 일종의 보호 수단으로 작용했다. 이러한 절차 이면에 담긴 핵심은 오직 하나님만이 은밀한 간음을 공정하게 다루시면서 처벌할 수 있다는 것이다.

우리가 가지고 있는 성경은 정확한가?

○
○
○
●

대홍수 이후 온 땅의 언어가 아직 하나일 때였다. 인류는 바빌로니아("시날 평지")에 거류하며 꼭대기가 하늘에 닿을 탑을 쌓기 시작했다(창 11:1-9). 이에 하나님은 그들의 단일한 언어를 혼잡하게 함으로 그들의 계획을 막으셨다. 그렇게 하나님은 인류를 온 땅으로 흩으시고 창세기 10장에 기록된 민족들과 그들의 경계를 나누셨다. 대부분의 사람들은 본문이 여기서 끝난다고 생각한다. 그러나 아직 더 많은 이야기가 있다. 그 태고의 이야기는 신명기 32:8-9에서 다시 언급된다. 그리고 이 이야기는 우리가 가진 성경 번역본에 따라 다소 차이가 있다.

> 지극히 높으신 자가 민족들에게 기업을 주실 때에, 인종을 나누실 때에 '하나님의 아들들'(the sons of God)의 수효대로 백성들의 경계를 정하셨

도다 여호와의 분깃은 자기 백성이라 야곱은 그가 택하신 기업이로다.

일부 성경 번역본에서는 "하나님의 아들들" 대신에 "이스라엘의 자손"이란 독법을 택하고 있다. 이러한 차이가 발생하는 이유는 주요한 신학적 입장에 따라 고대 사본을 각기 다르게 선택하기 때문이다.

신명기 32:8	
마소라 본문	사해 두루마리 사본
지극히 높으신 이가 민족들에게 기업을 주셨을 때	지극히 높으신 이가 민족들에게 기업을 주셨을 때
그가 인류를 나뉘게 하셨을 때	그가 인류를 나뉘게 하셨을 때
그가 사람들의 경계를 정하셨다	그가 사람들의 경계를 정하셨다
이스라엘의 아들들의 수효대로	**하나님의 아들들**의 수효대로

신명기 32:43	
마소라 본문	사해 두루마리 사본
[1a] **오 민족들아**, 환호하라 **그의 백성들아!**	[1a] 그와 함께 즐거워하라, **오 천상의 존재들아(heavenly ones)!**
[1b] 없음	[1b] **그분 앞에 절하라, 너희 모든 신들(gods)아!**
[2a] 그가 그의 종들의 피를 갚으실 것이기 때문이라;	[2a] 그가 그의 **아들들**의 피를 갚으실 것이기 때문이라;
[2b] 그가 그의 대적들에게 복수를 강행할 것이다.	[2b] 그가 그의 대적들에게 복수를 강행할 것이다.

[3a] 없음	[3a] **그는 그를 미워하는 자들에게 갚아 주실 것이다.**
[3b] 그리고 **그의 땅** [그리고] 그의 백성을 위하여 속죄를 이루실 것이다.	[3b] 그리고 그의 **백성들의 땅**을 위하여 속죄를 이루실 것이다.

이것은 정확한 표현인가?

대부분의 영어 성경은 "이스라엘의 아들들"(sons of Israel) 또는 그것과 유사한 표현을 쓰는데, 그 이유는 마소라 본문(Masoretic Text)으로 알려진 전통 히브리어 본문에 기초해 번역했기 때문이다. 그러나 하나님이 "이스라엘의 아들들의 수효대로" 인류를 나뉘게 하시고 민족들의 경계를 정하셨다는 것이 과연 말이 되는가? 신명기 32:8은 고대 바벨에서 있었던 과거의 사건을 상기하고 있다. 그런데 그 당시 이스라엘은 존재하지도 않았다! 창세기 10장의 "민족들의 목록"을 읽어보면, 이스라엘 민족은 언급조차 되지 않고 있다.

"하나님의 아들들"이란 번역은 더 오래된 두 개의 사본, 즉 구약의 고대 헬라어 번역인 칠십인경(Septuagint), 그리고 예루살렘에서 멀지 않은 사막에서 발견된 사해 두루마리 사본(Dead Sea Scrolls)에 기초한 독법이다. 성경 번역가들은 "하나님의 아들들"이 보다 더 본래의 독법에 가깝다고 동의한다. 그러나 그들은 대개 그것을 신명기 32:8의 실제 본문이 아니라 그것의 난하주(난외주)로 넣고 있다. 그러나 ESV역본에서, 그리고 다른 역본들에서는 그것을 "하나님의 아들들"로 번역하고 있다.

왜 차이가 있는가?

신명기 32:8은 후대의 필사자들이 하나님의 존엄을 "보호"하는 일이라는 자신들의 판단 하에, 때로는 성경 본문을 (잘못) 수정하곤 했던 교과서적인 사례라고 할 수 있다.[1] 신명기의 다른 본문 역시 필사자들에 의해 수정되었다(예, 32:43). (대다수 영역본 번역의 토대로 사용된 전통 히브리어 본문인) 마소라 본문과 함께 사해 두루마리 사본을 대조해 놓고 보면 원문의 표현에 수정이 이루어졌음을 알 수 있다.

사해 두루마리 사본에 따르면 신명기 32:43 본문은 세 개의 짝을 이루는 시적 대구로 구성되어 있다. 시적 구문이기 때문에 대칭구조가 중요할 뿐 아니라 무엇이 나올지 예상되기도 한다. 마소라 본문의 독법은 대칭을 이루는 두 쌍에서 그 일부를 각각 삭제 또는 수정했다. 그 첫 번째로, 신명기 32:8에서처럼, 다른 신적 존재들에 대한 언급을 배제했다("하나님의 아들들"[32:8]; "천상의 존재들"과 "신들"[32:43]). 어느 시점에서

1 다음 자료를 보라. Heiser, "Deuteronomy 32:8 and the Sons of God," published by Dallas Theological Seminary in *Bibliotheca Sacra* 158 (Jan–Mar 2001). 이 자료를 다음 인터넷 웹사이트에서 읽을 수 있다. http://thedivinecouncil.com/Deut328.pdf.

필사자는 다른 신들에 대한 그런 언급이 신학적으로 문제가 되고 덕이 되지 않는다고 판단했을 것이다.[2] 마지막 세 번째 쌍의 첫 행도 삭제되었는데 이는 누군가가 하나님을 미워한다는 개념 자체가 불경스럽고 불편한 사고이기 때문이다.

물론 하나님은 열성적인 어느 필사자 또는 어떤 사람에 의해 보호받으실 필요가 전혀 없으신 분이다. 이스라엘의 교리는 야훼 하나님이 다른 모든 신적 존재들 위에 가장 독보적이고 우월하신 분임을 천명하고 있다(시 29:1; 89:5-7). 탑을 쌓아 스스로의 이름을 높이려 했던 인류에 대한 가혹한 심판에 따라, 야훼는 바벨에서 민족들을 (상속권을 박탈하여) 내치셨고 다른 신들의 관할로 넘겨버리셨다(신 4:19-20; 32:8). 그리고 이후에 드러나겠지만, 이스라엘의 하나님은 그 신들조차 심판하실 것이다(시 82:1, 6). 이 사건은 창세기의 바로 다음 장에서 하나님이 새 백성 이스라엘을 자신의 분깃으로 창조하시는 하나의 발판이 된다. 그리고 아이러니하게도, 상속권을 박탈 당한 민족들은 아브라함의 후손을 통해 장차 그들의 상속권을 회복하게 될 것이다(창 12:1-3).

---

2 본문의 수정을 통해 하나님을 소위 "보호"하려 했던 필사자들의 이러한 관행은 '티쿠네 소페림'(*tiqqune sopherim*, "서기관들의 개정")으로 알려져 있다. 참고. Emanuel Tov, *Textual Criticism of the Hebrew Bible* (Minneapolis: Fortress Press, 1992), 264-69.

여기서 잠깐!

영어 성경은 사해 두루마리 사본의 독법을 따르고 있는가?

- "하나님의 아들들"(Sons of God): ESV, RSV, NRSV, NLT, NET, Message, Good News
- "이스라엘의 아들들"(Sons of Israel): NIV, ASB, NASB, HCSB, KJV, NKJV, NCV, Tanakh, 1890 Darby, Young's Literal, God's Word Translation, AV (1873)

성경에서 가장 끔찍한 이야기

사사기 곳곳에서 반복되는 "그때에 이스라엘에 왕이 없으므로"라는 문구는 레위인과 그의 첩에 대한 끔찍한 이야기의 배경으로 작용하고 있다. 이 이야기의 섬뜩하고 으스스한 세부 묘사들은 무정부 상태와 영적으로 부패한 당시의 시대상을 반영한다. 그러나 이 이야기는 싸구려 스릴러물이 아니다.

이 이야기를 읽을 때 우리의 관심은 살인, 강간, 전쟁, 그리고 유괴 같은 소름끼치는 장면들에 고정되기 쉽다. 그러나 이 본문에는 덜 혐오스러우면서도 중요한 요소들이 있다. 그것은 바로 지파들 간의 동맹과 사건이 발생했던 위치다. 무엇보다 이 이야기는 독자들에게 왕권을 선호하는 마음을 부추기려는 목적에서 각별히 고안되었다. 백성들을 위해 메시아, 구원자가 절실히 필요했다는 것이다.

사사기는 저자의 이름을 밝히고 있지 않다. 아마도 다윗 시대 이후에 기록되었을 가능성이 높다. 이 모든 요소들이 결국 왕권의 필요성에 대한 근거를 만들어내고 있을 뿐 아니라—베냐민(사울) 또는 에브라임이 아닌—유다 지파 출신(다윗) 왕이 더 우월하다는 하나의 논증을 만들어내고 있다.

사사기가 기록될 무렵, 사울 왕은 이스라엘의 영적 지도자로서 하나님을 실망시켰다. 당시 이 이야기를 읽는 독자라면 누구나 하나님이 택하신 새로운 왕권, 다윗의 계보를 따르고자 하는 심정을 갖게 될 것이다. 다른 통치자는 혼돈과 행악 그리고 비극을 의미할 뿐이었다.

이야기 속 사건들	우리에게 주는 가르침은?
사사기 19-20장에서, 한 레위 사람이 자신의 도망한 첩을, 유다 지파의 영토에 위치한 베들레헴 그녀의 아버지 집에서 데려온다. 유다 출신인 그 첩의 아버지는 레위인 사위를 따뜻한 온정으로 환대한다.	레위 사람은 다윗 가문이 속한 유다 지파에게 따뜻한 환대를 받는다.
레위 사람과 그의 첩은 그들의 집이 있는 에브라임으로 돌아가기 위해 길을 떠난다. 여정 길에서, 레위 사람은 베냐민 지파의 영토인 여부스 성읍에 들러 거기서 유숙할 수도 있었다. 그러나 당시 여부스는 이스라엘이 아닌 이방인들의 통치 하에 있었기 때문에 그는 그 성읍에 머물지 않기로 결정한다.	레위 사람은 여부스—훗날 예루살렘으로 알려진—성읍에 유숙할 수도 있었다. 여부스는 흉악한 베냐민 지파의 땅에 남겨진 유일한 안식처 같은 곳이다.

그는 계속해서 또 다른 베냐민 지파의 영토인 기브아로 향한다. 기브아에서 에브라임 출신의 한 노인이 레위 사람과 그의 첩에게 처소를 제공한다(19:15-16). 성읍의 불량배들이 노인의 집을 에워싸고, 레위 사람을 추행하기 위해 그를 자신들에게 내놓을 것을 요구한다.	기브아의 베냐민 불량배들은 명백히 악한 자들이다. 이스라엘의 첫 번째 왕 사울은 이 베냐민 지파에 속한 사람이다.
노인은 불량배들의 추악한 요구에 응하지 않기 위해, 대신 자신의 처녀 딸과 레위 사람의 첩을 넘기겠다고 제안하지만 그들이 거부한다(19:23-25). 레위 사람은 그들을 만족시키기 위해 자신의 첩을 붙잡아 밖으로 끌어낸다. 그는 다음 날 아침 집 문에 죽어 엎드려 있는 자신의 첩을 발견한다. 양심의 가책이나 연민을 전혀 보이지 않은 채, 그 사람은 자신의 첩을 나귀에 싣고 떠난다(19:25-28).	에브라임 출신의 이 레위 사람은 악인이다. 에브라임은 하나님의 기름 부으신 자 다윗 가문을 배신한 북왕국 이스라엘 편이다. 노인도 에브라임 출신으로, 그 또한 결국 악인이다.
집에 도착한 후, 레위 사람은 첩의 시체를 열두 토막으로 잘라 이스라엘 각 지파의 영토로 한 토막씩 보낸다. 각 지파의 지도자들을 불러서 복수를 결정하게 한다(19:29-20:7). 한 지파를 제외한 모든 지파들이 분개한다. 기브아가 위치한 영토, 베냐민 지파의 지도자들은 총회 참석을 보이콧하고, 기브아의 불량배들을 넘겨주기를 거부한다(20:2-3, 12-13). 그 결과는 동족상잔의 전쟁이었고, 베냐민 지파는 도망친 육백 명을 제외한 모든 용사들이 전멸당한다(20:14-48).	모든 지파가 모이는 총회 참석을 거부하고 악행을 저지른 기브아 사람들을 넘겨주지 않은 베냐민 지도자들 역시 악한 자들이다.

이 섬뜩한 이야기는 하나님의 구속 계획을 위한 적절한 맥락을 제공한다. 인간 본성의 최악의 모습을 폭로함으로써 하나님의 신적인 통치의 필요성을 드러내고 있다. 구약 시대에 그러한 신적 통치는 택함을 받

은 왕, 하나님의 마음에 합한 사람, 곧 다윗의 통치 형태로 나타날 것이다. 그리고 하나님은 장차 다윗의 계보를 통해, 왕 중의 왕이신 그분, 이스라엘만 아니라 모든 인류를 죄의 저주에서 구원할 사명을 지닌 예수 그리스도를 보내주실 것이다.

여기서 잠깐!

이 이야기는 창세기 19장에 기록된 사건을 고스란히 떠올리게 한다. 소돔의 악인들은 롯의 집을 에워싸고 그의 방문객들—실제로는 천사들—을 자신들에게 넘기라고 요구했다. 롯은 대신 처녀인 자신의 두 딸들을 그들에게 제안했다. 그들의 악함 때문에 소돔은 결국 멸망을 당한다. 창세기 19장 사건으로 미루어볼 때, 하나님은 악행을 저지른 기브아도 멸망시키실 것이란 의미인가? 그렇지는 않다. 이 이야기는 오히려 왕이 세워져야 할 긴박한 필요성을 보여준다.

잘못 바로잡기

○
○
○
●

입다와 그의 비극적인 서원 이야기는 (그것과 상반되는 메시지를 전하는 신약의 특정 이야기를 포함한) 다른 이야기들과 유사한 면을 보이고 있다.

이야기의 전개

사사 야일(길르앗 사람)의 시대 이후에 이스라엘 자손은 다시 이방 신들을 섬기는 우상 숭배의 악을 행했다(삿 10:6). 하나님은 이에 대한 형벌로 이스라엘을 이방 민족의 압제 아래 두셨다. 이스라엘을 억압한 이들은 요단 강 다른 편, 길르앗이라 알려진 지역에 거주하던 암몬 족속이었다. 이스라엘 사람들은 구원을 위해 즉시 하나님께 부르짖었고, 아이러니하게도 하나님은 또 한 명의 길르앗 출신 사사 입다를 부르셨다.

사사기 11장에서, 입다는 암몬 자손의 왕에게 사자들을 보내 메시지를 전한다. 입다는 암몬 왕이 그의 신 그모스가 그들에게 차지하게 한 땅에 왜 만족하지 않는지에 대해 의문을 제기한다. 그러나 입다의 이러한 항의에 헛점이 있었다. 암몬 족속의 주신(chief deity)은 그모스가 아니라 밀곰이었기 때문이다. 그런데 이것이 입다의 마지막 신학적 실수가 아니었다.

입다가 이스라엘 자손을 이끌고 암몬과 맞설 때, 그에게 전쟁을 위한 야훼의 영이 임한다. 그리고 전쟁을 앞두고, 입다는 다음과 같은 끔찍한 서원을 내뱉게 된다. "그가 여호와께 서원하여 이르되 주께서 과연 암몬 자손을 내 손에 넘겨 주시면 내가 암몬 자손에게서 평안히 돌아올 때에 누구든지 내 집 문에서 나와서 나를 영접하는 그는 여호와께 돌릴 것이니 내가 그를 번제물로 드리겠나이다 하니라"(삿 11:30-31). 입다가 전쟁에서 승리하고 돌아오는 길에 입다를 영접하러 나온 사람은 다름 아닌 그의 무남독녀 외동딸이었다.

이야기 배후의 이야기

이방 민족과 그들의 땅을 바라보는 고대 이스라엘 사람들의 믿음은 다음과 같다. 야훼, 곧 이스라엘의 하나님이 (바벨에서 하나님을 거역한) 민족들을 흩어버리실 때, 그 민족들 및 그들이 살아갈 땅을 (역시 하나님이 배정하신) 다른 신들의 다스림 아래 배정하셨다는 것이다(신 4:19-20; 32:8-9). 입다의 에피소드는 이러한 당시의 세계관을 반영한다.

사사기 10:10-11은 이스라엘 사람들이 밀곰을 포함한 이방의 다른 신들(바알들)을 섬겼던 것을 언급하고 있다. 밀곰에게는 인신 제사가 행해지기도 했다. 입다는 야훼를 향한 자신의 어리석은 서약을 지키기 위해 암몬의 밀곰 숭배 관습에 따라 결국 인신 제사를 행한다. 이것은 입다 자신의 신학적 무지 때문에 발생한 일이었다. 그는 야훼를 염두에 두고 있었지만 정작 신을 숭배하는 그의 시각과 방식은 왜곡되어 있었다. 여기서 우리는 그 당시 이스라엘에는 왕이나 영적 지도자가 존재하지 않았고, 예배의 중앙집권적 체계도 전혀 세워지지 않았다는 사실을 기억해야 한다.

다시 수정된 이야기

입다의 비극은 예수님이 야이로의 딸을 살리시는 신약의 이야기를 통해 다시 수정된다(눅 8:40-56). 그 세부 사항들은 명민하며 신학적으로 강력한 메시지를 함의하고 있다.

원조인 사사기의 입다 이야기와 마찬가지로, 야이로의 딸에 관한 이 수정본은 어느 신이 진정한 왕이고 그 왕이 소유한 영토는 어디인지에 관한 이야기다. 예수님이야말로 참된 신이며 그렇기에 길르앗 땅을 다시 되찾으신다는 사실을 말하고 있다.

공통적 요소들	
입다 이야기	야이로 이야기
입다의 외동딸	야이로의 외동딸(눅 8:42)
입다 직전에는 야일(Jair, 구약의 고대 헬라어 번역인 칠십인경에는 그 철자를 Ιαϊρ 라고 쓴다)이라는 사사가 활동했다.	야이로(Jairus, 헬라어의 철자는 Ιαϊρος 이다.)
입다의 출신 지역 = 길르앗(삿 11:1). 야일의 출신 지역 = 길르앗(삿 10:3-5). 길르앗(Gilead) = 요단 강 동편, 입다 시대에는 암몬 자손의 지배에 있었음.	예수님이 '거라사'(Gerasa/Gadara, 구약 시대의 '길르앗')에서 갈릴리 해변으로 돌아오신 후, 야이로가 예수님을 찾아온다.
대비적 요소들	
입다 이야기	야이로 이야기
야훼를 섬긴다고 하지만 거짓 신들을 숭배하던 방식으로 하나님을 섬기는 이스라엘의 지도자(사사).	예수님을 인정하고 받아들이는 유대인 지도자(회당장).
자기 외동딸의 인신 제사 결과를 가져온 어리석고 이기적인 서약.	자기 외동딸의 생명을 위해 예수님에게 드리는 사심 없는 간구.
이스라엘 소녀가 이방 신에게 희생제물로 바쳐짐.	유대인 소녀가 성육신하신 참 하나님에 의해 살아남.
딸이 죽게 됨.	죽은 딸이 살아나게 됨.

누가복음 기사에서 야이로 이야기 직전에, 예수님은 거라사인의 땅에서 더러운 귀신을 쫓아내신다. 구약 시대 사람들은 이 지역을 길르앗

이라고 불렸다. 입다 시대에 이곳은 아이들을 제물로 삼키는 밀곰 신을 숭배했던 암몬 족속의 영토였다. 또한 이곳은 복음서에서 예수님이 "지극히 높으신 하나님의 아들"(son of the Most High, 눅 8:28)로 불리신 유일한 사건이 일어난 지역이다. "지극히 높으신 자"란 호칭은 구약에서는 민족들이 나뉘고 그들이 다른 신들의 지배 아래 배정되던 때에 사용되었다(신 32:8-9). 예수님이 귀신을 내쫓으신 사건은 복음서에서 하나님 나라의 시작을 알리는 청신호 역할을 한다(마 12:28). 한때 길르앗으로 불리던 곳에서 귀신을 내쫓으심으로써, 예수님은 자신이 진정한 왕으로서 그 지역을 통치하고 계심을 선포하신다.

해당 지역에서 자신의 왕권 통치를 선언하고 돌아오시던 길에, 예수님은 외동딸을 잃게 된 야이로를 만나신다. 예수님은 야이로의 믿음을 보시고 그의 딸을 살리신다. 복음서 기자는 문학적 장치를 통해 길르앗 땅의 잔혹한 흑역사인 입다의 외동딸 인신 제사 사건을 뒤집어버리고 있다.

거인들이 살던 시대

○

○

○

●

다윗과 골리앗(가드 사람)의 이야기를 들어본 적 없는 사람이 얼마나 될까? 이 영웅과 거인 악당의 이름은 오늘날에도 상징성이 대단하다. 그러나 이 거인 골리앗이 이스라엘의 소년 다윗에 의해 머리가 잘려나갔다는 것 외에 사람들이 그에 대해 실제로 얼마나 알고 있는가?

사무엘하 21:15-22과 역대상 20:4-8은 당시 블레셋 사람들 가운데 비정상적으로 키가 큰 또 다른 용사들이 있었음을 언급하고 있다.[1] 이 목록들은 서로 일치하지는 않지만, 그 둘을 함께 비교하면 네 명의 거

---

1 성경은 이 거인 용사들의 키가 얼마였는지는 기록하지 않고 있다. 골리앗의 키는 사본 증거에 대한 의견 불일치로 인해 불명확하다. 또한 이 본문들은 다윗이 아니라 엘하난이란 인물이 가드 사람 골리앗(개역개정, '골리앗의 아우 라흐미')을 죽였다고 언급하는 성경의 한 가지 유명한 난제를 소개하고 있다. 이 주제와 관련한 추가적인 내용은 다음 자료를 참고하라. Heiser, "Clash of the Manuscripts: Goliath & the Hebrew Text of the Old Testament" (BSM May–June 2009): 33–35.

인 용사들인 '삽'('십배'라고도 불렸음; 대상 20:4), '라흐미', '이스비브놉', 그리고 무명의 한 용사가 있었음을 알 수 있다. 이들에 대한 묘사는 골리앗에 대한 묘사와 유사하다. 그들의 "거대한 키"(great stature) 및 그들이 사용한 무기의 크기가 함께 언급되고 있다. 그런데 골리앗을 포함한 여느 거인 용사들과는 달리, 무명의 거인은 양손에 손가락이 각기 여섯 개씩 그리고 양발에 발가락이 각기 여섯 개씩 모두 스물 네 개가 있었다고 언급된다. 다지증(polydactylism)으로 알려진 이러한 기형은 오직 이 거인에 대한 묘사에서만 언급되고 있다. 성경은 다른 거인들에 대해서는 그러한 특징을 언급하지 않는다.

잠깐만—거인족이라고?

구약성경이 언급하는 몇몇 거인족 또는 내부에 거인들이 존재했던 종족들이 있다.[2]

1. 창세기 6:1-4에서 언급된 네피림의 후손이자(비교. 민 13:33), 모세 및 여호수아가 이끌던 당시 이스라엘 민족이 마주했던(민 13:22-33; 수

---

2 여기서 언급된 종족 말고도 비정상적으로 거대한 체구를 가진 다른 종족들도 있었을 것이다. 그들의 언급 여부는 그들이 명백한 거인족 목록에서 어떤 비중을 차지했으며 그 이름이 히브리어로 무엇을 의미했는가에 달렸다. 그러한 예로는 호리 족속, 아윔 족속, 그리고 여부스 족속 등이 있다.

15:13-14) 거인족 아낙 자손이 있다.

2. 이스라엘 자손이 트랜스요르단 지역을 통과하기 전에, 한때 요단 강 동편 지역 내 에밈 족속(신 2:10-11)과 수스 족속(창 14:5)으로도 불린 삼숨밈 족속(신 2:20) 중에 키가 큰 사람들이 아주 많이 있었다.
3. 약속의 땅을 정복해 가는 이스라엘의 여정 길에는 아모리 족속이 있었는데, 그들의 키가 백향목처럼 큰 것으로 묘사되었다(암 2:9-10).
4. 마지막으로, 거의 20여 차례나 언급되는 르바임 족속이 있다. 이들은 이스라엘이 약속의 땅 정복 과정에서 가장 자주 언급되는데, 가령 모세가 바산 왕 옥과 마주했으며, 그의 침상은 길이만 아홉 규빗(약 4미터)에 달했다(신 2:11, 20-22; 3:11-13; 수 12:4; 13:13).

골리앗은 르바임 족속이었다. 골리앗을 비롯해 그와 나란히 소개된 네 명의 거인 용사들은 '라파'(רפה, 개역개정, '거인족')의 후손들로 가드 사람들이었다(삼하 21:22; 대상 20:8). 만약 '라파'가 하나의 고유한 이름으로 해석된다면, 이들 네 명의 용사들은 모두 골리앗의 형제들이 된다. 하지만 성경의 본문은 그렇게 말하지 않는다. 그들 중 오직 단 한 사람, '라흐미'만이 특별히 골리앗의 형제로 언급되고 있다. 그러므로 이 용어를 여러 영역본에서처럼 "거인들"(giants) 또는 "르바임"(Rephaim)으로 번역하는 것이 최선일 것이다.

일부 르바임 거인들이 모세 및 여호수아와 맞선 전쟁에서 살아남았고, 그들의 후손이 블레셋의 성읍 가드에 정착했다. 골리앗과 함께했던 다른 거인 용사들은 아마도 그의 혈육은 아닐 수 있다. 그러나 그들 모두는 오랜 세월 동안 끈질기게 살아남은 특이한 혈통으로서, 약속의 땅을 정복하려던 이스라엘에게는 끊임없는 도전이 되었고 이스라엘의 하나님께 대적했다는 공통점이 있다.

무심코 당긴 화살

성경 인물 가운데 이스라엘의 아합 왕만큼이나 악명 높은 사람도 별로 없을 것이다. 아합 이전의 왕들도 "여호와 보시기에 악을 행했다"고 기록하지만, 아합은 심지어 의도적으로 더 많은 악을 행했다. "그는 그 이전의 이스라엘의 모든 왕보다 심히 이스라엘 하나님 여호와를 노하시게 하였더라"(왕상 16:33).

아합은 통치 기간 중에 바알을 숭배하고, 금지된 이방과 조약(시리아[개역개정, 아람] 왕 벤하닷; 왕상 20:34) 및 동맹(이세벨과의 정략결혼; 왕상 16:31)을 맺으며, 나봇을 살해하는 등 온갖 악행을 저질렀다. 열왕기상 22장에서, 선지자 미가야는 아합 왕에게 그의 임박한 운명을 경고한다. 그런데 그것은 평범한 예언이 아니었다. 그것은 하나님이 결정하신 사안(아합의 죽음)이 어떻게 구체적으로 실행될 것인지에 대한 논의가 하나님의 천상회의장에서 펼쳐지는 환상 장면으로 이루어져 있다.

예스맨들과 야훼의 사람

이스라엘 열두 지파는 아합이 왕위에 올랐을 당시 대략 한 세기 정도 두 왕국으로 분열된 상태였다(약 주전 869년). 아합은 그 한 세기 동안 남유다 왕국과 줄곧 대립 관계를 유지해 오던 북이스라엘(이스라엘 또는 에브라임으로 불렸음)을 다스렸다. "아람과 이스라엘 사이에 전쟁이 없이 삼 년이" 흘렀고(왕상 22:1), 마침 남유다의 여호사밧 왕이 아합을 만나러 왔다. 아합은 길르앗을 점령해 아람 왕의 손에서 라못 성읍을 되찾길 원했다. 아합은 유다 왕 여호사밧에게 군사적 지원을 요청한다.

여호사밧은 정치적인 이유로 참전에 동의하지만 하나님이 함께 하실 것에 대한 확신이 필요하다는 전제를 달았다(22:5). 이에 아합은 400명의 예스맨 선지자들에게 자문을 구함으로 그들의 승인을 얻어내지만, 여호사밧은 만족하지 못한 채 또 다른 의견을 듣기 원했다(22:6, 11-12). 하나님의 선지자 미가야의 승인이 필요했다. 평소에도 미가야를 향한 적개심을 공공연히 드러내곤 했기에 내키지 않았지만, 아합은 야훼의 선지자인 그를 소환하는 데 동의한다(22:8). 야훼의 참 선지자인 미가야는 하나님을 무시하는 아합 왕과 그의 통치에 대해 단 한번도 긍정적인 발언을 한 적이 없다.

처음에 미가야는 아합에게 하나님이 그의 전쟁 계획을 승인하셨다고 말한다. 하지만 아합은 그 말을 전하는 미가야의 속마음을 꿰뚫어본다. 아합에게 이런 경우가 처음은 아니었던 것이 분명해 보인다. "왕이 그에게 이르되 내가 몇 번이나 네게 맹세하게 하여야 네가 여호와의 이름으로 진실한 것으로만 내게 말하겠느냐"(22:16). 미가야는 아합 왕이 그의 창조주와 대면할 운명임을 알고 있었다. 결과를 알고 있으니 아합에게 (본인도 그토록 바라는) 전쟁을 일으키라고 말한 것이다.

거짓을 말한다는 이유로 아합에게 책망을 들을 미가야는 (아합 왕의 죽음이 이미 결정된) 하나님의 경륜에 대해 그 구체적인 실행 방안을 놓고 벌어지는 논의 과정을 아합 왕과 우리에게 환상으로 보여준다.

> 여호와께서 말씀하시기를 누가 아합을 꾀어 그를 길르앗 라못에 올라가서 죽게 할꼬 하시니 하나는 이렇게 하겠다 하고 또 하나는 저렇게 하겠다 하였는데 한 영이 나아와 여호와 앞에 서서 말하되 내가 그를 꾀겠나이다 여호와께서 그에게 이르시되 어떻게 하겠느냐 이르되 내가 나가서 거짓말하는 영이 되어 그의 모든 선지자들의 입에 있겠나이다 여호와께서 이르시되 너는 꾀겠고 또 이루리라 나가서 그리하라 하셨은즉 이제 여호와께서 거짓말하는 영을 왕의 이 모든 선지자의 입에 넣으셨고 또 여호와께서 왕에 대하여 화를 말씀하셨나이다(왕상 22:20-23).

환상을 통해 선포되는 이 예언 장면은 하나님이 아합의 죽음을 이미 결정하셨다는 사실을 보여준다. 그러나 하나님은 한편으로 하늘에서 열리는 천상회의에 신적인 존재들이 (아합의 죽음이 실행되는 방식에 관한 논의에) 참여하는 것을 허락하신다. 물론 이 본문 때문에 전지하신 하나님에게 어떤 추가적인 정보나 조언이 필요하다는 식의 결론이 요구되는 것은 아니다. 아합의 죽음이 확정된 일이라는 것은 분명했다. 그런데 야훼는 자신 앞에 나아온 천상의 존재들에게 아합이 어떻게 죽게 될지에 대해 그 방식을 논의하도록 허락하셨다. 이러한 시각은 성경의 다른 본문과도 맥이 닿아 있다. 가령 다니엘 4:17-26을 들 수 있는데, 본문은 하늘에서 정해진 결정은 지극히 높으신 이의 뜻이자 동시에 하나님을 위해 일하는 순찰자들, 거룩한 자들의 뜻이 반영된 것임을 드러내고 있다.

미가야 선지자의 경고에도 불구하고, 아합과 여호사밧은 전쟁에 싸우러 나간다. 아합 왕은 혹시라도 죽음을 면할까 싶어 일반 군인으로 변장하지만, 그의 계획은 실패하고 만다. 아합은 "한 사람이 무심코 당긴 활"에 맞아 결국 죽게 된다(왕상 22:34). 그러나 더 큰 그림에서 보자면 그것은 결코 무심코 당긴, 무작위로 쏜 화살이 아니었다.

실현되지 못한 약속

○
○
○
●

악한 일을 당할 때 우리는 때로 하나님을 의심하게 된다. 실제로 전쟁의 참상을 한가운데서 목격한 군인들을 만나보면 과연 하나님이 계시는지, 창궐하는 악을 왜 그냥 두고만 보시는지 의문을 품은 순간들이 많았다는 식의 증언을 듣곤 한다. 그러나 성경은 선이 반드시 이길 것을 명시하고 있다. 하지만 악 또한 그 나름의 몫을 챙길 것이다. 열왕기하 3장은 악이 득세하는 전쟁에 관한 기사를 소개하고 있다.

야훼가 승리를 약속하다

열왕기하 3장은 모압 왕 메사가 당시 북이스라엘의 왕 여호람을 배반

한 사건을 기록하고 있다(3:5). 그의 아버지 아합이 그랬던 것처럼, 여호람은 남유다의 왕 여호사밧에게 사신을 보내 자신과 함께 모압을 치자고 제안한다(3:7). 여호사밧이 제안을 받아들이고 에돔 왕도 연합군에 합류한다(3:9).

세 연합군은 모압을 치러 이른바 우회로인 "에돔 광야 길"을 택해 그리로 지나간다. 에돔은 몸이 붉고 털이 많은 에서의 후손들이 정착한 지역이었다(창 25:25; 36:1, 8). "에돔"(Edom)은 '아돔'(אָדֹם, "붉은")이란 단어에서 유래한 표현으로, 여기서는 일종의 언어유희처럼 사용되어 광야의 붉은 모래와 바위를 전형적으로 암시하고 있다.

세 연합군이 우회로를 택해 모압으로 향했던 터라 어쩔 수 없이 물이 없는 사막 지대를 가로질러야 했다(왕하 3:9). 7일 만에 마실 물이 떨어졌고 세 왕은 광야에서 머물던 선지자 엘리사를 찾아가 그에게 조언을 구한다(3:11-12).

엘리사는 처음엔 이스라엘 왕을 퉁명스럽게 대하지만(3:13-14), 곧 자신에게 임한 야훼의 말씀을 대언한다. 하나님이 그들에게 마실 물을 공급해 주실 것이다(3:16-17). 바짝 메마른 골짜기에 물이 가득하게 될 것이다. 엘리사는 심지어 더 좋은 소식을 전한다. "이것은 여호와께서 보시기에 작은 일이라 여호와께서 모압 사람도 당신의 손에 넘기시리니"(3:18).

연합군이 쳐들어온다는 소식에 모압 왕은 무기를 들 만한 사람 모두를 소집해 국경 지대에 배치한다. 다음 날 아침에 일어났을 때 해가 물에 비치는데 모압 사람들에게는 그 물이 마치 피처럼 보였다(3:21-22). 그들은 자신들을 침략하려던 이스라엘 연합군 내부에서 균열이 생겨 서로 싸우다가 죽인 것으로 오해했다(3:23). 그렇게 방심하고 적군을 노략하기 위해 이스라엘 진영에 이르렀다가, 정작 이스라엘 군이 달려나와 모압 사람을 치자 모두가 도망하고 만다. 이스라엘 군은 모압 군을 끝까지 추격하며 모압 땅으로 들어가 성읍을 헐고 닥치는 대로 부수었다.

길하레셋으로 쫓겨와 궁지에 몰린 절박한 상황에서, 모압 왕은 예상치 못한 끔찍한 일을 저지른다. "이에 자기 왕위를 이어 왕이 될 맏아들을 데려와 성 위에서 번제를 드린지라"(왕하 3:27). 그다음 문장에 대한 해석이 큰 논란을 불러 일으킨다. "이스라엘에게 크게 격노함이 임하매 그들이 떠나 각기 고국으로 돌아갔더라." 어째서 이런 일이 일어난 것일까? 왜 야훼의 군대가 승리하지 않았는가? 분명 엘리사는 하나님이 연합군에게 모압을 넘기실 것이라고 예언하지 않았는가(3:18)?

지금까지 우리가 구약에서 확인한 사실은 이렇다. 이스라엘 사람들은 다른 민족들이 섬기던 신들이 실제로 존재한다고 믿었으며, 그 신들은 (가장 우월하며 다른 모든 신들을 다스리시는) 야훼 하나님에 의해 각각의 민족들을 다스리도록 배정받았다는 것이다(신 32:8-9). 이스라엘은 그런 신들이 (실제로 존재하는 영적 존재들로서) 귀신들이라고 믿었다(신 32:17). 이스라엘의 이러한 세계관을 감안할 때, 당시 이스라엘 군대는 모압 왕의 끔찍한 인신제사에 크게 겁을 먹고 야훼의 약속에 대한 믿음을 잃은 것으로 보인다. 즉 모압 사람들이 섬기는 신이 이스라엘에게 격노했고, 게다가 인신 제사까지 받았으니 모압을 다시 일으켜 승리하게 할 것이라 생각했던 것이다.

엘리사는 이스라엘과 유다의 왕들을 향해 하나님이 그들을 도우실 것이라고 이미 일러주었다. 그런데 왜 그렇게 되지 않았는가? 사실 이런 장면은 처음이 아니다. 하나님이 분명 구원을 약속하셨지만 실현되지 않은 경우가 다반사였다. 가령 하나님은 이스라엘 자손에게 그들이 모세와 여호수아의 지휘 아래 가나안을 정복할 것을 말씀하셨다. 그러나 이스라엘은 그들의 믿음 없음 때문에 실패하고 말았다(민 13장; 신 31:1-7; 수 13:1-5; 삿 1:27-36). 야훼가 모압의 신에게 패한 것이 아니다. 하나님은 자기 백성을 도우실 준비가 되셨고 충분히 그럴 능력이 있으셨다. 그 사실은 지금도 마찬가지다. 그러나 하나님의 백성들이 계속 믿기를 거부하고 믿음으로 순종하지 않을 때 하나님은 약속의 이행을 거부하신다는 것을 이 사례는 보여준다.

거룩한 흙

○

○

○

●

엘리사가 아람 왕의 군내 장관인 나아만을 나병에서 낫게 한 이야기는 제법 많은 이들에게 친숙하다(왕하 5:1-27). 나아만은 이스라엘의 선지자 엘리사가 자신을 낫게 할 수 있다는 말을 듣고 여정에 오른다. 나아만이 엘리사의 집 문앞에 이르렀을 때, 엘리사는 직접 나서는 대신 사람을 보내 말을 전할 뿐이다. 그저 요단 강에 몸을 일곱 번 씻으라는 것이었다. 자신을 건성으로 대하는 듯한 엘리사의 태도에 분노한 나아만은 아람으로 돌아가고자 한다. 그러나 종들의 간곡한 부탁으로 나아만은 자신의 몸을 요단 강에 담그기로 한다. 그는 이 단순한 행동으로 기적적인 치유를 얻게 된다. 어떤 대단한 희생 제사나 주술도 없이 (선지자의 지시대로 따랐더니) 단순하게 나타난 능력을 체험한 나아만은 이스라엘의 야훼만이 참 하나님이란 사실을 인정한다. 우리는 나아만의 이야기를 대개 이 부분에서 끝내곤 한다. 그러나 그렇게 하면 매우 진귀한 뜻밖의 사항을 놓치게 된다. 나아만이 자기 나라로 가져가고자 청했던 내용물이다.

열왕기하 5:15-19에서 나아만은 엘리사에게 돌아와 자신을 치유해 준 대가로 예물을 받을 것을 간청한다. 하지만 엘리사는 거듭해서 호의를 거절한다. 결국 나아만은 아람으로 돌아가기로 하고, 떠나기 직전 한 가지 이상한 부탁을 한다. 노새 두 마리에 흙을 실어 자기 나라로 가져갈 수 있게 해달라는 것이었다.

흙이라고? 만약 나 개인적으로 선지자에게 뭔가 부탁할 수 있는 상황이 주어진다고 가정한다면 몇 가지 떠오르는 것들이 있다. 그러나 단연코 '흙'은 아니다. 나아만의 요청은 매우 별난 것이었다. 혹시 나아만에게 뭔가 또 다른 종류의 치료법이 필요했던 것일까 하는 궁금증을 피하기 어렵다. 그는 왜 엉뚱하게 흙을 가져가겠다고 했을까?

하지만 나아만의 정신은 분명 온전한 상태였다. 열왕기하 5:17에서, 나아만은 요청과 더불어 다음과 같이 해명하고 있다. "나아만이 이르되 그러면 청하건대 노새 두 마리에 실을 흙을 당신의 종에게 주소서 이제부터는 종이 번제물과 다른 희생제사를 여호와 외 다른 신에게는 드리지 아니하고 다만 여호와께 드리겠나이다." 이스라엘의 하나님에 대한 나아만의 믿음과 충성심이 그 흙과 관계 있다는 것이다. 나아만은 그의 나라인 아람에서 요직을 맡고 있었다. 나아만은 이스라엘 땅에 머무를 수는 없었지만 자신과 함께 이스라엘을 가져갈 수는 있었다. 그런데 왜 그렇게 하길 원했을까?

사실, 유별나 보이는 나아만의 요청은 고대(그리고 성경 시대)의 세계관을 반영하고 있다. 땅은 우주적 영토 전쟁의 현장이라는 것이다. 이스라엘은 당연히 야훼 하나님이 통치하시는 영토였다. 그렇기에 나아만은 이스라엘의 흙을 가져가기 원했다. 야훼의 통치 하에 있는 그곳의 흙은 곧 '거룩한 땅'인 셈이다.

"거룩한 땅"(holy ground)이란 개념은 이스라엘의 신학에서 중요한 요소다. 이 표현은 불타는 떨기나무에 나타나신 야훼의 사자와 이스라엘의 하나님 앞에 모세가 섰을 때도 사용되었다(출 3:1-5). 그리고 여호수아가 야훼의 사자를 만났을 때도 사용된다(수 5:15).[1] 시야를 넓혀보면, 신명기 32:8-9(비교, 신 4:19-20)에서 이런 개념이 비롯되는 것을 알 수 있다. 본문은 하나님이 바벨탑에서 민족들을 나누셨을 때, 그 민족들을 각각 "하나님의 아들들"에게 배정하셨음을 언급하고 있다.[2] 바벨탑

1 "여호와의 군대 대장"(수 5:13-15)은 다음 두 가지 관찰된 근거에 따라 야훼의 사자(Angel of the Lord)와 동일 존재일 가능성이 있다. (1) 해당 본문과 출애굽기 3:1-5와의 유사성과 그리고 (2) 그 군대 대장이 여호수아 앞에 "칼을 빼어 손에 들고 마주 서 있다"는 묘사 때문이다. 이 묘사에서 나타난 히브리어 표현은 구약에서 오직 다른 두 본문, 민 22:23과 대상 21:16에서만 발견된다. 두 본문 모두 이 표현을 야훼의 사자에게 직접적으로 적용시키고 있다.

2 이러한 번역은 신 32:8의 사해 두루마리 사본 자료에 기초한 히브리어 본문에 근거한 것이다. 신 32:8 본문에 대해 대부분의 영어 성경이 취하는 독법은 "이스라엘의 아들들"(sons of Israel)이다. 그러나 바벨탑 당시에는 이스라엘 민족 자체가 아직 존재하지 않았을 뿐 아니라, 이스라엘은 바벨탑 심판의 결과로 기술된 열국의 목록에도 포함되어 있지 않기 때문에 이러한 독법은 받아들이기 어렵다. ESV는 사해 두루마리 사본에 근거하여 신 32:8 본문에 대한 올바른 독법을 취하고 있다. 더 추가적인 정보를 위해 다음 자료를 참고하라. http://michaelsheiser.com/DT32.pdf 또는 "우리가 가지고 있는 성경은 정확한가?"(62쪽).

사건의 결과로 민족들은 야훼로부터 상속권을 박탈당하고 내버려졌다. 그 사건 이후에 야훼는 아브라함을 부르시고 그를 통해 이스라엘이란 새로운 민족을 창조하셨다. 따라서 이스라엘은 "여호와의 분깃"(신 32:9)이었다. 반면에 다른 민족들은 '하나님의 아들들'의 다스림 아래 들어갔고 하나님이 새롭게 창조하신 이스라엘은 그 하나님의 아들들을 숭배해선 안 되었다. 이에 따른 하나의 결과로서 이스라엘이 사는 곳은 거룩한 땅이었다. 이스라엘은 다른 모든 민족들과 구별되는 영토였다. 구약과 신약의 나머지 내용은, 하나님의 아들들에게 각가 배정되었던 지상의 모든 민족을 다시 되찾고자 하시는 하나님의 구원 계획에 관한 이야기다.

엘리사는 나아만의 요청을 이해했고 주저 없이 수락했다. 엘리사는 그러한 요청이 마음의 진정한 변화와 신학적 사고의 변화에서 온 것임을 알고 있었다. 나아만은 "내가 이제 이스라엘 외에는 온 천하에 신이 없는 줄을 아나이다"(왕하 5:15)라고 고백했으며, 그 거룩한 땅을 가지고 고국에 돌아가길 원했다. 비록 나아만은 여전히 자신의 연로한 주인이 림몬의 신당에서 절하는 것을 도와야 하는 처지에 있었지만 자신의 마음만큼은 오직 엘리사의 하나님을 향하고 있다는 사실을 엘리사도 확실히 알길 바랐다.

인구 조사는 누구의 명령이었나—하나님인가? 사탄인가?

○

○

○

●

구약에서 풀기 어려운 난제 가운데 하나는 역대상 21:1-17과 사무엘하 24:1-25의 서로 유사한 두 기사를 어떻게 해석할 것인가에 있다.

이 두 기사는 단 한 가지 확연한 차이만 제외하고는 거의 동일한 내용으로 볼 수 있다. 역대기 본문에서는 다윗을 부추긴(충동한) 자가 사

역대상 21:1-2	사무엘하 24:1-2
사탄이 일어나 이스라엘을 대적하고 다윗을 충동하여 이스라엘을 계수하게 하니라 다윗이 요압과 백성의 지도자들에게 이르되 너희는 가서 브엘세바에서부터 단까지 이스라엘을 계수하고 돌아와 내게 보고하여 그 수효를 알게 하라 하니	여호와께서 다시 이스라엘을 향하여 진노하사 그들을 치시려고 다윗을 격동시키사 가서 이스라엘과 유다의 인구를 조사하라 하신지라 이에 왕이 그 곁에 있는 군사령관 요압에게 이르되 너는 이스라엘 모든 지파 가운데로 다니며 이제 단에서부터 브엘세바까지 인구를 조사하여 백성의 수를 내게 보고하라 하니

탄인 반면, 사무엘하에 따르면 다윗을 선동한(격동시킨) 이는 다름 아닌 이스라엘의 하나님 야훼였다. 역대기의 기사에는 다윗의 이러한 처사가 "하나님의 눈에 보기에 악했다"(개역개정, '하나님이 이 일을 악하게 여기사', 7절)는 언급이 포함되지만, 사무엘하 본문에서는 이 진술이 생략되어 있다. 두 기사 모두 하나님이 다윗에게 세 종류의 징계 가운데 하나를 택할 것을 제시하시고, 다윗이 그 결정을 야훼께 맡기는 장면을 기록하고 있다. 그리고 두 본문에서 모두 야훼의 사자가 전염병으로 이스라엘을 치고 있다.

두 기사는 서로 모순처럼 보인다. 상황 해결을 위한 하나님의 징계조치도 당황스럽기만 하다. 만약 문제의 근원이 사탄이라고 생각한다면, 우리는 야훼를 사탄과 동일시해야 하는 난관에 봉착하게 된다. 그 반대의 경우도 마찬가지다. 사탄이 주권자 야훼였다고 말해야 하는 오류를 피할 수 없게 된다. 만약 어떻게든 이 장면에서 사탄을 제거해 낼 수 있다 해도, 우리는 야훼가 다윗에게 어떤 행동을 취하도록 선동하셨다가, 다윗이 그 행동을 취하자, 그것을 빌미로 다윗을 벌하시는 모습과 마주하게 된다. 이런 혼란스런 상황에서 벗어날 수 있는 방법은 없을까?

놀랍게도 해결책은 간단하다. 구약에서 히브리어 '사탄'(שטן)은 고유명사가 아니다. 그 이유는 이 사탄이란 단어에 히브리어의 정관사(영어로는 "the")가 거의 항상 붙어서 따라다니기 때문이다. 영어에서와 마찬가지로, 히브리어는 개인의 고유한 이름에 정관사를 붙이는 것을 허용하지 않는다(나는 나 자신을 "the Mike"라고 부르지 않는다). '사탄'이란 명사

가 정관사와 짝을 이룰 경우엔 단순히 "그 대적"(the adversary)이란 의미로 사용된다.[1]

히브리어 성경에서 '사탄'이란 명사가 정관사와 함께 쓰이지 않는 경우는 극히 드물지만 간혹 있다. 역대상 21:1이 바로 그런 본문 중 하나이며, 따라서 많은 해석가들은 (고유명사인) '사탄'으로 알려진 존재가 구약에서 실제로 등장한 매우 드문 사례로 본다. 하지만 정말 그런 경우라면, 우리는 앞서 우려했던 매우 당황스러운 모순에 다시금 부딪히게 된다. 이보다 더 나은 설명이 있지 않을까?

구약에서 '사탄'에 정관사가 빠져 있으면서도 그 용어가 단순히 어떤 신적 존재를 가리키는 데 사용된 다른 유일한 본문은 민수기 22:22이다. 이 본문에서 우리는 야훼의 사자가 "한 대적자로서"(as an adversary, '사탄'; 개역개정, '그를 막으려고') 발람과 그의 나귀의 길목에 서 있는 것을 보게 된다. 야훼의 천사가 발람과 '맞서고' 있는 것이다. 그 천사는 역대상 21장의 '사탄'처럼 신적으로 위임된 대적자(막는 자)였다.

'사탄'이란 단어와 '야훼의 사자' 사이의 이러한 연관성은 역대상 21:1과 사무엘하 24:1 본문 사이의 불일치를 이해하는 데 매우 중요한 요소다. 두 기사에서 모두, 천사가 다윗에 대한 하나님의 심판을 실행에 옮긴다(대상 21:14-15; 삼하 24:15-16). 구약에서 하나님 자신과 야훼의

1 이것은 구약이 하나님의 대원수(archenemy)인 악한 자의 존재에 대해 전혀 모른다는 의미가 아니다. 그것은 창세기 3장에서 이미 증명되었다. 후대에 유대 문헌에서 창세기 3장의 원수를 '사탄'(שטן)이란 단어로 규정했을 뿐이다. 신약 시대에 이르러 그 정체가 보다 확실해졌다.

천사는 서로 빈번하게 동일시되고 있다(예, 출 3장 [비교, 수 5:13-15]; 삿 6장). 그러므로 역대기 본문에서는 진짜 사탄(하나님의 우주적 원수로서의 사탄)이 등장한 것은 아니라고 볼 수 있다. 오히려 역대기 기자는 천사, 즉 인간의 형체로 나타난 야훼 자신을 가리키고 있다. 이것이 의미하는 바는, 결국 역대기와 사무엘하 본문 모두 야훼가 다윗으로 하여금 인구 조사를 착수하게 하셨던 것으로 보고 있으며, 여기에는 아무런 모순이 없다는 것이다.

그러나 이 같은 해명에도 불구하고 한 가지 의문이 사라지지 않는다. 야훼는 왜 하필 다윗을 선동하여 이후 그가 벌하시게 될 일을 하게끔 하셨는가? 두 본문 기사는 모두 야훼가 다윗이 아니라 이스라엘에게 진노(대적)하셨다는 언급으로 시작한다. 야훼는 이스라엘 자손에 대한 심판의 도구로 다윗을 택하셨던 것이다. 이는 몇 세기 후에 느부갓네살 왕을 택하셨던 것과 유사한 방식이라 할 수 있다. 그럼에도 불구하고 바벨론 왕에게 그 악행에 대한 책임을 물을 수 있는 것처럼, 다윗에게도 그 책임은 유효하다. 심판은 (그리고 그 수단은) 모두 야훼께 속한 것이다. 그러나 그 행동의 당사자인 인간에게도 여전히 책임이 있다.

의도적 조작인가?

○

○

○

●

기업들은 보통 회계 조작으로 조사를 받는다. 정치인들은 대개 뇌물수수로 재판을 받는다. 과학자들은 주로 데이터를 속이는 식이다. 그러면 역대기 기자는 어떠한가? 그는 역사를 사실대로 기록하지 않은 벌을 받아야 하지 않겠는가?

역대기가 사무엘서와 열왕기서에 기록된 이스라엘 역사의 반복이라는 사실은 이미 잘 알려져 있다. 이에 반해 비교적 알려지지 않은 사실은 역대기의 저자가 다윗과 솔로몬에 대한 부정적인 사실들을 자신의 역사 기록에서 의도적으로 누락시키고 있다는 점이다. 역대기에서 다윗의 간통 기사 및 우리아 살해 사건 기록을 찾아보라. 발견할 수 없을

것이다.[1]

역대기 기자는 어떤 이유로 자신의 역사서에 정작 특정 인물들의 특정 사실들에 대한 기록을 누락시켰는가?

이러한 방식으로 기록되었다고 해서 반드시 그 내용 전부를 신뢰할 수 없거나 모조리 거짓된 역사는 아니다. 만약 내가 ≪서부 개척자의 관점에서 본 미국 원주민의 역사≫라는 제목의 책을 골랐다면, 나는 그 내용이 어떤 식으로 전개될지 대강 짐작할 수 있다. 그 내용이 비록 관점에서 나와 맞지 않을 수는 있지만 내용이 전부 허위라고 생각할 이유는 없다. 하지만 이 책이 저자에 의해 걸러진 선택적인 내용만을 담은 불완전한 기록임을 예상할 만한 충분한 근거는 있다. 서부 개척자라는 특정한 이들의 관점에서 기록되었기 때문이다. 따라서 나는 그 책을 미국 서부 역사에 대한 최종적인 권위서로 여기지는 않을 것이다.

구약의 역대기를 읽을 때에도 이 같은 고려가 필요하다. 역대기는 사무엘서 및 열왕기서와 함께 히브리 정경의 (그리고 이후 기독교 정경의) 목록으로 확정되었다. 그러므로 성경을 읽는 사람은 누구나 다윗과 솔로몬의 불미스러운 과거 행적들에 대해 알게 된다. (역대기에서) 그런 내용을 의도적으로 누락시켰다고 해서 누구도 모르지 않을 것이다. 역대기 기자의 누락은 독자를 기만하는 것과는 관계가 없다. 그렇다면 거기에는 분명 또 다른 의도가 있을 것이다.

1 삼하 11:1-12:29와 대상 20:1-3을 서로 비교해 보라.

역대기는 유대인들의 바벨론 포로기 이후의 (또는 그 직후의) 기간에 기록되었다. 이스라엘은 다시 한 번 자신들의 나라와 지도자를 갖게 될 참이다. 역대기의 저자는 고국 땅으로 귀환하는 새로운 세대가 하나님이 다윗과 맺으셨던 언약을 기억하고 그것을 붙잡길 바랐다. 그리고 통치자로 하나님의 선택을 받은 왕조는 다윗 가문이란 사실을 기억하길 원했다. 다윗 왕조에 대한 불충이 나라를 분열로 이끌었고, 종교 일탈을 낳았고, 궁극적으로는 이스라엘의 멸망을 불러일으켰다(암 7:9-11). 역대기 기자는 다윗 가문에 대한 충성심을 다시금 불러일으키려는 의도가 있었고, 따라서 다윗과 솔로몬을 이상적인 왕의 모습으로 그려내야 했다. 역대기 기자는 독자들을 기만하려 한 것이 아니라 오히려 고취시키고자 했다.

바다 괴물을 죽이기

창조에 대해 생각할 때, 우리는 창세기 1장에서처럼 하나님이 선포하시는 말씀으로 모든 것이 시작되는 장면을 떠올리곤 한다. 그러나 구약의 일부 저자들은 창조의 또 다른 측면과 그것에 관한 어떤 희한한 특징에 주목한다. 시편 74편에는 하나님이 바다와 육지를 나누시고, 해와 달과 별들과 절기들의 질서를 정하시는 장면이 등장한다. 그리고 우리는 여기서 또 다른 사건을 대면한다. 그것은 바로 하나님이 바다 괴물들을 멸하시는 장면이다.

> 하나님은 예로부터 나의 왕이시라 사람에게 구원을 베푸셨나이다 주께서 주의 능력으로 바다를 나누시고 물 가운데 용들의(sea monsters) 머리를 깨뜨리셨으며 리워야단의 머리를 부수시고 그것을 사막에 사는 자에

게 음식물로 주셨으며 주께서 바위를 쪼개어 큰 물을 내시며 주께서 늘 흐르는 강들을 마르게 하셨나이다 낮도 주의 것이요 밤도 주의 것이라 주께서 빛과 해를 마련하셨으며 주께서 땅의 경계를 정하시며 주께서 여름과 겨울을 만드셨나이다(시 74:12-17).

바다 괴물과의 싸움

하나님이 "바다 괴물들의 머리"(개역개정, '용들의 머리')를 깨뜨리셨고 "리워야단의 머리"를 부수셨다는 언급 때문에 많은 사람들이 구약의 동물학 연구에 온갖 열정을 쏟았다. 그러나 우리는 이러한 그림을 (구약의 다른 여러 기이한 이미지들을 대할 때처럼) 그 시대의 문화적 맥락에서 읽어야 한다.

고대 세계에서는, 창조가 시작되던 본래의("태고의") 혼돈 상태를 종종 괴물 같은 용으로 묘사하곤 했다. 이 같은 개념은 고대 바벨론 신화에서, 그리고 이스라엘의 가장 인접국인 우가리트 (이스라엘 북쪽의 고대 시리아) 신화에도 반영되어 있다.

고대 우가리트 문서에서, 바알 신이 '얌'(*Yamm*)과 싸우는 장면이 나오는데, 여기서 얌은 혼돈의 소용돌이치는 바다로, 그리고 탄눈(*Tannun*) 또는 리타누(*Litanu*)라는 이름의 무시무시한 바다 용으로 묘사된다. 이런 용어들은 시편 74:13-14에서 사용된 히브리 단어와 유사하다.

"주께서 주의 능력으로 바다(ים, '얌')를 나누시고; 물 가운데 용들(תנינים, '탄니님')의 머리를 깨뜨리셨으며 리워야단(לויתן, '리비야탄')의 머리를 부수시고."

구약 다른 곳에서도 그와 같은 유사한 사례들이 등장한다. 우가리트 신화에서 '리타누'는 "몸을 뒤트는 뱀"(twisting serpent)과 "달아나는 뱀"(fleeing serpent)으로 묘사된다. 이러한 표현들이 구약에서 바다 괴물 리워야단을 묘사하는 표현에도 그대로 사용되고 있다(사 27:1 개역개정, '꼬불꼬불한 뱀'; 욥 26:13 개역개정, '날렵한 뱀').

그래서 요지는?

하나님이 창조를 시작하시면서 문자 그대로 실제 용(괴물)과 싸우신 것이 아니다. 그런 이미지는 바다를 예측불가하고 광포하며 길들여지지 않는 거대한 힘으로 보았던 고대의 세계관을 반영한다. 바다는 고대인들이 두려워한 대상이다. 오직 전능하신 하나님의 권능만이 혼돈의 바다에서 사람이 거주할 만한 안전한 세상을 만들어낼 수 있다. 그리고 하나님의 그러한 주권적 행위는 결코 길들여지지 않는 혼돈의 깊은 심연과 싸우시는 장면으로 묘사되곤 한다. 시편 74편은 이 싸움에서 승리하신 분이 하나님이라고 선포한다.

바다 괴물 관련 이미지는 구약 곳곳에서 의도적으로 또 다른 목적을 위해 사용되었음을 볼 수 있다. 이사야 51:9-10에서, (이번에는 "라합"이라고 불리는) 바다 괴물과 관련된 이미지는 이스라엘 민족의 출애굽 사건과 연결된다. "라합을 산산이 조각내시고"(개역개정, '라합을 저미시고') 또한 "용(תַּנִּין, '탄닌')을 찌르신 이…[그리고] 넓고 깊은 바다의 물을 말리시고, 바다 깊은 곳에 길을 내어 구속 받은 자들을 건너게 하신 이"는 야훼이셨고 그분은 자신의 능한 팔로 그 일을 행하셨다. (창조 기사에서 사용된) 이러한 이미지들은, 하나님이 이집트를 무찌르고 새로운 나라를 일으키시는 장면을 효과적으로 기술하는 데에도 사용되고 있다.

또한 이사야는 이와 유사한 언어로 종말의 마지막 때를 묘사하고 있다. "그 날에 여호와께서 그의 견고하고 크고 강한 칼로 날랜 뱀 리워야단 곧 꼬불꼬불한 뱀 리워야단을 벌하시며 바다에 있는 용을 죽이시리라"(사 27:1). 요한계시록은 이사야 27:1을 염두에 두면서, 이제 "더 이상 바다가 존재 하지 않게 될" 미래의 어느 한 시점에 대해 언급한다(계 21:1). 하나님을 대적하던 모든 것들이 완전히 소멸하는 날은 오직 하나님이 지상에서 최후의 통치를 확립하실 그날과 더불어 임하게 될 것이다. 오직 새 하늘과 새 땅이 완성되는 그날에 비로소 광포한 바다 괴물도 완전한 죽음을 맞게 될 것이다.

하나님이 공동 서명인이 필요하신가?
구름 속의 그 증인

○
○
○
●

돈을 빌릴 때 계약자 상호 간에 공동 서명이 필요한 이유는 자명하다. 은행은 자금을 대출 받는 사람이 상환하지 못할 수 있다는 점을 감안해야 한다. 은행의 입장에선 대출 받는 사람의 상환 능력 여부를 꼼꼼히 따질 수밖에 없다. 성경에 따르면, 하나님은 언약을 체결하실 때 일반적으로 하나님 자신의 성품에 맹세하신다. 이는 하나님께는 자기보다 더 큰 이가 없기 때문이다(히 6:13). 하지만 우리는 시편에서 매우 흥미롭고 예외적인 한 장면을 목격하게 된다.

시편 89:35-37은 사무엘하 7장의 하나님과 다윗 사이의 언약을 반추하면서 원래는 없었던 내용을 끝부분에 추가하고 있다. 나는 핵심 문구를 이탤릭체로 강조하고(한글에서는 작은따옴표), 시를 구성하는 병

행 구조가 드러나도록 구절을 재배치하고 알파벳 대문자로 표시했다.[1]

A 나는 '나의 거룩한 자로'(개역개정, '나의 거룩함으로') 맹세했다(I have sworn *by my Holy One*).

B 나는 다윗에게 거짓말을 하지 않을 것이다(I will not lie to David).

C 그의 후손이 장구할 것이다(His descendants shall be forever).

C 그의 왕위[그의 왕가의 후손]는 해 같이 내 앞에 항상 있을 것이다(His throne [his dynastic descendants] shall be as the sun before me.).

B 그것[다윗의 왕위]는 달 같이 영원히 견고하게 될 것이다(It [David's throne] shall be established forever like the moon).

A 그리고 '구름 속의 한 증인'은 신실할 것이다(And *a witness in the clouds* will be faithful).

하나님은 다윗과 맺은 언약에 맹세하시고 다윗의 후손에게는 왕위에 오를 영원한 권한을 약속하신다. 구름 속의 한 존재, 정체가 확인되지 않는 한 증인(하나님의 "거룩한 자")이 이 약속을 보증한다. 왜 하나님은 자신이 주도한 언약에 증인이 되어줄 누군가가 필요하셨는가? 그런 권한을 가진 하늘("구름")에 있던 자는 누구인가?

어떤 신들이 조약 체결이나 합의에 또 다른 신들을 증인으로 소환

1 이 원문에 대한 영어 역본들은 여러 전문적인 이유들로 서로 일치하지 않는다. 해당 본문은 저자의 사역이며, 그나마 NASB가 저자의 번역과 가장 유사하다.

하는 것은 고대의 다신교에서 비교적 흔한 장면이었다.[2] 하지만 이스라엘의 신앙에는 이스라엘의 하나님과 동등하거나 그보다 큰 다른 신은 결코 존재하지 않는다. 그럼에도 시편 89편은 그 언약을 보증할 야훼와 대등한 존재를 요구하고 있다. 영원한 다윗 언약에 신실할 하늘에 있는 그 증인은 누구인가? 하나님의 약속을 성취하고 실패하지 않게 할 그 존재는 누구인가?

요한계시록 1:4-5은 이 질문에 대한 답을 제시하고 있다.

> 요한은 아시아에 있는 일곱 교회에 편지하노니 이제도 계시고 전에도 계셨고 장차 오실 이와 그의 보좌 앞에 있는 일곱 영과 또 '충성된'[신실한] 증인으로 죽은 자들 가운데에서 먼저 나시고 땅의 임금들의 머리가 되신 예수 그리스도로 말미암아 은혜와 평강이 너희에게 있기를 원하노라 우리를 사랑하사 그의 피로 우리 죄에서 우리를 해방하시고.

시편 89편의 다윗 언약을 성취하신 분은 바로 다윗의 자손 예수 그리스도시다. 신약성경은 예수 그리스도를 성육신하신 신성(육체로 거하시는 참 하나님)이자 구약의 하나님과 본질상 동등하신 분으로 제시하고 있는 만큼, 예수님이야말로 영원히 그 언약의 신실한 증인-보증인의 역할을 감당하시는 분이다.

---

2 예를 들면 다음을 참고하라. Heiser, "Ancient Semitic Inscriptions—How Can They Assist English Bible Study?" at http://michaelsheiser.com/Psalm89.pdf.

잠언의 저자는 누구인가?

○

○

○

●

잠언 1장은 "다윗의 아들 이스라엘 왕 솔로몬의 잠언이라"(잠 1:1)고 선언한다(비교. 잠 10:1; 25:1). 하지만 한편으로 솔로몬 외에 다른 많은 저자들도 있었음을 스스로 증언한다. "이것도 지혜로운 자들[문자적으로는, 지혜로운 사람들]의 말씀이라"(잠 24:23). 다수의 지혜로운 자들이 잠언을 기록했다는 개념은 잠언 1:6 및 22:17에서도 반복적으로 소개된다.

그러나 솔로몬이 유일한 저자라는 오래된 전통은 웬만해서 잘 사라지지 않는다. 이 잠언의 저자가 누구인지에 대한 문제는 여전히 논란 중이다. 그렇다면 이 지혜 문헌을 작성하는 데 솔로몬이 감당한 실제 역할은 무엇이었는가?

솔로몬에게 필명이 있었는가?

잠언의 몇몇 본문에서는 잠언을 기록한 현인들의 이름이 언급되고 있다. 예를 들어, 잠언 30장은 야게의 아들 아굴이 기록했다(30:1). 그러나 우리는 그 이상 아굴에 대해 아는 것이 없다. 어떤 이들은 아굴이 솔로몬의 필명이었을 것이라 주장하기도 한다. 그러나 그 주장을 뒷받침할 증거는 전무하다. 또한 그 이름은 더 일반적으로는 "엮은이"(the assembler)라고 번역될 수 있으며, 따라서 잠언 30장을 기록하기도 한 무명의 어느 잠언(금언) 편집자를 가리키는 것일 수 있다.

잠언 31:1은 현숙한 여인에 관한 그 유명한 금언을 기록한 르무엘 왕을 소개하고 있다. 여기서 우리는 르무엘이 그의 어머니에게서 금언을 듣고 배웠음을 보게 된다. 베일에 가려진 이 왕에 대해서는 알려진 바가 거의 없다. 유대인의 전승에 따르면 이 르무엘이란 저자를 솔로몬의 필명으로 보기도 한다. 그러나 그 둘 사이의 연관성을 입증할 만한 증거는 아직 발견되지 않았다.

솔로몬의 전승에서

잠언 25:1은 책의 저작권과 관련한 또 하나의 통찰을 제공한다. "이것도 솔로몬의 잠언이요 유다 왕 히스기야의 신하들이 필사(개역개정, 편집)한 것이니라." 여기서 "필사했다"(copied)고 번역된 단어에는 또한 "속기했다"(transcribed)는 의미도 포함된다. 이는 잠언의 일부 금언들(아마도 25-29장)이 어쩌면 솔로몬의 사후, 히스기야의 재위(약 주전 715-687년) 기간에 필사자(서기관)들이 작성한 것일 수 있음을 시사한다.

그렇다면 적어도 한 명 이상의 무명의 현인이 잠언 작성에 기여했다는 것이 된다. 심지어 잠언 22-23장의 일부 내용은 솔로몬이 태어나기 전에 만들어진 이집트의 지혜 문학 『아메네모페의 교훈』(*The Instruction of Amenemope*)에서 가져온 것으로 보인다.[1]

추가로, 잠언 1:25는 예레미야 20:7과 스가랴 7장의 특정 본문을 인용한 것으로 보인다. 그러나 설령 잠언 본문에 후대에 추가된 부분이 있다고 하더라도, 단지 그 때문에 잠언서 전체의 저작 연대를 솔로몬 시대 이후로 판단할 수는 없다. 예레미야와 스가랴의 해당 본문이 잠언에 의존했을 가능성도 있다.

이집트의 전승에서

잠언 22-23장은 솔로몬 이전 시대의 고대 이집트 지혜 본문을 인용하고 있으므로, 솔로몬이 여러 저자들 중 하나일 가능성을 높인다(잠 1:1;

1 이 주제에 대한 추가적인 내용은 다음을 참고하라. Heiser, "Permitted Plagiarism: Borrowing Wisdom from Egypt" (BSM May-June 2012): 40-41.

10:1). 더욱이 잠언의 많은 단락(10:1-22:16)에서 나타나는 문학적 양식은 (이집트 서기관들이 금언 모음집에 정식 표제와 서언을 덧붙인) 고대 이집트 지혜 문헌을 고스란히 반영하고 있다.

그래서 결론적으로 누가 잠언을 기록했단 말인가? 물론 솔로몬이다. 다만 솔로몬에게 좋은 (또는 지혜로운) 동료들이 있었다고 말해야겠다.

임마누엘의 어머니: 그녀는 과연 처녀였는가?

○
○
○
●

이사야 7:14의 예언은 이사야 전체에서 가장 잘 알려진 본문이라 할 수 있다. 또한 이 구절은 가장 뜨거운 논란의 중심이 되기도 한다. 물론 이렇게 된 데에는 여러 이유가 있다.

> 그러므로 주께서 친히 징조를 너희에게 주실 것이라 보라 처녀(עלמה, '알마')가 잉태하여 아들을 낳을 것이요 그의 이름을 임마누엘이라 하리라.

보통은 성탄절이나 부활절 시즌이 되면 이사야 7:14의 알마(עלמה)의 정확한 의미를 두고 여기저기서 흥미로운 논의가 벌어지곤 한다. 그리고 그런 논의들이 도출해 내는 가장 선호하는 주장은 바로 히브리어 '알마'가 "처녀"(virgin)를 의미하지 않을 수 있다는 것이다. 이 주장에 따르면 해당 단어는 이전에 성적 경험이 있었는지 여부와는 상관없이, 단지 결혼 적령기의 젊은 여성(young woman)을 가리킨다는 것이다. "처녀"를 가리키는 보다 정확한 히브리어는 '베툴라'(בתולה)인데, 이사야 7:14에서는 사용되지 않았다. 관련하여 자주 듣는 얘기지만, 이와 같은 주장을 선호하는 사람들은 또한 복음서의 저자인 마태가 그 단어를 "처녀"로 오해했을 것으로 간주한다. 따라서 마태의 그런 실수와 무지가 예수님의 동정녀 탄생 교리를 만들어냈다는 것이다. 하지만 이 주장은 과연 정확할까?

'베툴라'란 단어가 성적 경험이 없는 사람을 가리키는 것은 맞다(레 21:3; 삿 21:12; 신 22:23, 28; 출 22:16). 하지만 그렇다고 해서 '알마'란 단어가 처녀를 의미하는 것이 아니라고 '결단코' 단정할 수 있을까? 이사야 7:14 외에, 구약에서는 '알마'라는 단어를 단 여섯 차례 사용하고 있다. 그 모든 용례의 문맥은, 단 한 차례만 제외하고는, 젊은 여성 또는 여성들의 성적 경험 여부에 관한 단서를 제공하고 있지 않다(창 24:43; 출 2:8; 시 68:25; 아 1:3; 6:8; 잠 30:19). 그러나 '알마'란 단어가 그 복수형인 '알라모트'(עלמות)로 사용되는 아가서 6:8에서는 처녀성(virginity)을 암시한다. "왕비가 육십 명이요 후궁이 팔십 명이요 '처녀들'(עלמות, '알라모트', 개역개정, '시녀')이 무수하되."

왕비와 후궁 그리고 시녀(עלמות, '알라모트')의 구별은 매우 중요한 사안이다. 왕의 아내인 왕비에게는 남편인 왕과의 성적 관계가 당연히 수반되었다. 후궁들은 왕과 정식 혼인 관계에 있는 왕비만큼은 아니지만 특별한 지위를 누리는 왕의 성적 파트너였다. 이러한 사실은 세 번째 부류인 시녀들(또는 처녀들, '알라모트')의 경우에는 왕과 성적인 관련이 없음을 의미하는 것으로 보인다. 그렇다면 그 본문에서 '알마'는 후궁 또는 왕비가 될 수 있는 일종의 후보자라고 할 수 있다.

이것은 우리가 에스더서에서 보는 것과도 정확히 일치한다. 에스더 2:3과 2:8을 통해 우리는 왕이 새로운 왕후를 물색하는 동안, 에스더가 궁녀를 주관하는 내시 헤개의 수하에 속하여 "젊은 처녀들"(בתולה נערה '나아라 베툴라')과 함께 열두 달 동안 대기하는 장면을 보게 된다. '나아르' 와 '베툴라'의 조합은 "젊은 여성"(נער, 나아르)이 분명히 "처녀"(בתולה, '베툴라')일 수 있음을 암시한다.

에스더는 결국 헤개 수하의 "젊은 처녀들" 중에서 선별되어 왕과의 저녁 밀회를 위한 자리로 나아간다. 이후 에스더는 "비빈(후궁, concubine)을 주관하는" 내시 사아스가스의 수하에서 둘째 "후궁"(하렘, harem)으로 배정을 받는다(에 2:14). 이것은 에스더가 이제는 더 이상 처녀가 아니라 후궁이 되었음을 암시한다. 왕과 에스더가 그 밤에 성관계를 맺었음을 에스더 2:14은 분명히 암시한다. "왕이 그를 기뻐하여 그의 이름을 부르지 아니하면 [에스더가] '다시' 왕에게 '나아가지'(go in) 못하더라." 어떤 남자 또는 여자에게로 "들어가다"(go in)라는 표현은 구약에서 성관계를 언급할 때 통상적으로 사용되는 완곡한 표현이다(예, 창 16:2; 29:21; 38:8; 신 21:13; 25:5; 삿 15:1).

에스더 이야기는 당시 세 그룹으로 구분되어 있던 왕의 하렘(harem)

에 대해 설명하고 있다. 그들은 왕비, 후궁 그리고 시녀(젊은 처녀)들이다. 이 마지막 세 번째 그룹은 '나아라 베툴라'(young virgins)로 묘사된다. 이와 병행을 이루는 아가 6:8도 똑같이 세 그룹으로 구분해 소개하고 있다. 그러나 그 세 번째 그룹을 묘사하는 데 있어서는 '알마'(복수형: '알라모트')란 용어를 사용하고 있다. 이는 '나아라 베툴라'와 '알라모트'가 둘 다 "처녀들"(virgins)에 대한 언급임을 암시한다.

그렇다면, 에스더를 가리켜 한번도 '알마'라고 부르지 않았다고 해서, "처녀"를 의미하는 구약의 어휘에서 '알마'란 단어를 제외시켜야 하는가? "'알마'란 단어가 처녀를 의미할 수 없다"는 주장이 성립하기 위해서는, '나아르'와 '베툴라'가 결코 '알마'와 교차 사용되어서는 안 될 것이다. 하지만 그런 용례가 존재한다. 창세기 24장에서 리브가가 이 세 가지 표현으로 함께 언급되고 있다('나아르'는 24:14에서, '베툴라'는 24:16에서, '알마'는 24:43에서 사용된다). 따라서 이 용어들은 분명히 동의어로 분류될 수 있음을 암시한다.

그런데 우리가 이렇게까지 어휘 공부를 할 필요가 있었던 것일까? 고대의 족장 문화에서는 마리아 같은 "결혼 적령기 여성"은 적어도 임신이 가능한 최소한의 나이, 사춘기에 접어든 소녀를 의미했다. 당시 그러한 문화에서 소녀 딸들은 가정 또는 공동체의 엄격한 통제와 감독하에 있었다. 오늘날처럼 성적으로 개방된 문화에서도, 상당수의 십대 소녀들은 여전히 순결을 잃지 않고 있다. 그렇다면 고대의 가부장적 사회에서는 얼마나 더 철저했겠는가? 마태는 그런 문화를 배경으로 살았던 사람이고, 에스더서 또한 그런 고대 문화에서 기록된 책이다. 그러므로 마태는 '젊은 여성'('알마', עלמה)을 "처녀"와 똑같은 의미로 생각했고 그런 용어의 의미에 별다른 의구심을 갖지 않았을 것이다. 우리도 더 이상은 그에 관한 논의를 해마다 논란의 중심에 둘 필요가 없다.

천상회의에 서다

○

○

○

●

대부분의 사람들은 선지자를 하나님이 권능을 주셔서 미래를 예언하는 사람으로 생각하곤 한다. 물론, 선지자들은 하나님의 뜻을 알리고 선포하는 자들이다. 그러나 미래의 사건을 예고하는 것은 그들의 본질적인 직무가 아니었다. 선지자의 주요 임무는 그 자신이 하나님의 입이 되어 섬기되 (하나님의 언약 백성인) 이스라엘 '그리고' 그 대적들에게 야훼의 말씀을 대언하는 것이었다. 그렇다면 그들은 어떻게 선지자가 되었는가? 천상의 자격 조건 같은 것이 있었는가? 사실대로 말하자면 그런 것이 있었다.

아마도 참 선지자의 기준은 그들이 선포하는 말이 실제 그대로 실현되는지의 여부에 달렸다고 생각할 수 있을 것이다(신 18:15-22). 하지만 그것은 하나의 부산물일 뿐이며 진짜 시금석은 따로 있다. 우리는 예레미야서에서 그것을 엿볼 수 있다.

> 누가 여호와의 회의[סוד, '쏘드']에 참여하여 그 말을 알아들었으며 누가 귀를 기울여 그 말을 들었느냐…그들이 만일 나의 회의[סוד, '쏘드']에 참여하였더라면 내 백성에게 내 말을 들려서 그들을 악한 길과 악한 행위에서 돌이키게 하였으리라(렘 23:18, 22).

"회의에 서 있다[참여한다]"(stand in the council)는 것은 무엇을 의미하는가? 예레미야는 이렇게 설명한다. "그의 말하는 것을 보고 듣고… 그의 말에 주목하여 듣는 것이다." 참 선지자인지를 가리는 가장 근본적인 기준은—그들의 신적인 메시지 전달 능력에 앞서—실제로 '하나님의 천상회의에' 서서 그분이 말씀하시는 것을 '보고' '들었는지' 여부에 달려 있었다.

성경에서 하나님과 그 천군은 하나님의 천상회의장에서 사안을 처리하는 것으로 여겨졌다. 하나님이 마치 최고경영자처럼 좌정하여 주관하시는 모임을 "천상회의"(divine council, '신들의 모임', 시 82:1; '거룩한 자의 모임', 시 89:5-7)라고 부른다.[1] 하나님은 선지자들을 택하시고 그들에게 직접 사역을 맡기셨다. 그러므로 선지자가 "그 회의에 서게[참여하게]" 되면, 그들은 하나님의 천상회의에서 직접 하나님을 대면하게 된

1 천상회의에 대한 추가적인 내용은 다음 자료를 참고하라. Heiser's article in the *Dictionary of the Old Testament: Wisdom, Poetry, and Writings* (Downers Grove: InterVarsity, 2008), 112-16, or visit http://thedivinecouncil.com/.

다. "야훼의 천상회의에 참여한다"는 이러한 모티프는 성경에서 반복적으로 등장하는 하나의 패턴이기도 하다.

이사야의 경우도 이랬다. 그는 야훼의 천상회의에 들어가(사 6:1-6) 거기서 부르심의 소명을 받았다(사 6:8-9). 에스겔은 어땠는가? 그의 경우는 반대였다. 야훼의 보좌가 그에게로 내려와 임했다(겔 1:1-14, 26-28). 예레미야 또한 하나님과의 직접적인 대면을 통해 선지자로 위임을 받았다. 예레미야가 사역을 시작할 때 "여호와의 말씀"이 그에게 임했고(렘 1:4) 예레미야를 선지자로 지명했다. 그 "말씀"은 인간의 형상으로 오신 야훼와 동일시되고 있다(렘 1:6-7). 야훼는 그의 손을 내밀어 예레미야의 입에 대셨다(렘 1:9). 이렇듯 하나님과의 직접적인 대면이 예레미야를 다른 거짓 선지자들과 구별하는 기준이 되었다.

이러한 패턴은 욥기 15:7-8에서 암시하는 대로, 첫 사람 아담 때부터 시작되었다. "네가 제일 먼저 난 사람이냐 산들이 있기 전에 네가 출생하였느냐 '하나님의 오묘하심[council, סוד, '쏘드']을 네가 들었느냐' 지혜를 홀로 가졌느냐?" 에덴은 하나님과 그의 천군(heavenly host)이 거하던 곳이었다. 만약 욥이 자신도 그곳에 들어갈 수 있다고 말할 수 있었다면, 그는 자신의 무죄함을 당당하게 주장할 수 있었을 것이다.

아담뿐만 아니라 에녹과 노아 또한 "하나님과 동행한" 자들이었다(창 5:22, 24; 6:9). 에녹은 "예언"을 했고(유 14-15), 노아는 "의의 선구자"로 여겨졌다(개역개정, '의를 전파하는'[벧후 2:5]). 하나님은 아브라함(창 12:1-3; 15:1-6; 비교, 행 7:2-4)과 이삭(창 26:1-5), 그리고 야곱(창 28:10-22;

31:11-13; 32:22-32; 비교, 호 12:3-4)에게 자신을 가시적으로 나타내 보이셨다. 모세는 불타는 떨기나무에서 하나님의 부르심을 받았다(출 3:1-15). 모세가 이끌던 이스라엘 장로들은 야훼로부터 직접 임명을 받았고(민 11:24-25), 그것은 여호수아도 마찬가지다(신 31:14-23; 수 5:13-15). 사사기는 기드온이 경험한 하나님과의 극적인 대면을 기록하고 있다(삿 6장). 그리고 이스라엘의 마지막 사사로 부름 받은 사무엘이 아직 어릴 때에 야훼는 "말씀"으로 "현현하셨고", 그의 앞에 '서서'(삼상 3:10) 엘리 제사장 집의 운명을 통보하셨다.

신약의 여러 인물들 역시 직접적인 신적인 위임과 더불어 자신들의 사역을 시작했음을 볼 수 있다. 예를 들면, 성부와 성령 하나님은 예수님의 세례에 함께 임재하셨고(마 3:16-17), 당시에도 눈치 빠른 관객이라면 이것은 곧 예수님이 선지자들의 반열에 오르셨음을 암시하는 사건임을 알아챘을 것이다. 다메섹 도상에서 부활하신 그리스도와 직접 대면한 바울의 유명한 일화는 그가 선지자의 전통을 따라 사도로 위임받은 자임을 증거하는 중요한 사건이다(행 9:1-9; 고전 9:1; 15:8). 제자들에게 권능이 임한 오순절에 신적인 불이 동반되었다는 것은 결코 우연이 아니다(행 2:1-4). 불은 구약에서 하나님의 천상회의를 배경으로 하는 위임 장면에 자주 등장하는 요소이기 때문이다(출 3:1-3; 24:17; 사 6:6-7; 66:15; 겔 1:4, 13, 27; 단 7:9-11).[2]

---

2 참고. Andrew B. Perrin, "A Fire Breathing God in Psalm 18:8" (BSM September-October 2009): 42-43.

놀랍게도 신약은 이러한 위임 방식을 모든 그리스도인에게 적용시키고 있다. 모든 그리스도인은 그리스도와 연합함으로 복음을 전하는 자로 부름받을 뿐 아니라(마 28:18-20), 세상에서 예수님을 닮아가도록 위임을 받는다(고후 3:18; 4:11; 딤후 1:9; 벧전 2:21; 벧후 1:4). 모든 신자는 복음을 통해 그리스도를 만난 그리스도의 사신이다(고후 5:20). 우리보다 앞서 섬겼던 선지자들처럼, 우리도 하나님을 대언하는 그분의 입이다.

예레미야: 두 개로 보인다?

○

○

○

●

예레미야의 고뇌 그리고 누가 봐도 열매 없는 그의 사역 이런저런 것들 너머를 우리가 볼 수 있다면, 예레미야서가 강조하려던 이중의 강조점을 발견하게 된다. 바로 심판과 회개다. 그러나 단지 예레미야서가 강조하려는 주제만 이중적인 게 아니다. 고대로부터 두 개의 예레미야서 판본이 전해져 왔는데, 흥미롭게도 이 두 판본이 서로 여러 부분에서 상이하다는 것이다.

"예레미야서 문제"

예레미야서는 두 개의 판본으로 우리에게 전해졌다. 히브리어 판본인 마소라 사본(Masoretic Text)과 헬라어 판본인 칠십인역(Septuagint)이다. 오늘날 우리의 영역본 성경들은 마소라 사본(MT)의 구성과 내용을 따르고 있다. 칠십인역(또는 LXX)의 예레미야서는 마소라 사본과는 여러 면에서 상이한 어느 히브리어 사본을 번역한 것이다. 이러한 이유로 헬라어 판본은 마소라 사본보다 대략 약 팔분의 일 정도 짧다. 그리고 예레미야 25:13 이후로는 각 장의 순서 또한 극적으로 달라진다.

"예레미야서 문제"를 해결하기 위한 많은 시도에도 불구하고 두 판본이 어떻게 그런 차이가 나게 되었는지에 관한 역사적 고찰은 여전히 미해결인 채로 남아 있다. 지금도 우리는 두 판본이 원용한 각각의 히브리어 본문 중 어느 쪽이 더 오래된 것인지조차 알지 못한다.

사해 두루마리 사본(Dead Sea Scrolls) 중에서 발견된 예레미야서의 두루마리 파편은 대개 마소라 사본의 순서와 내용을 따르고 있다. 그러나 일부 자료는 칠십인역 번역에 사용된 히브리어 사본과 일치하기도 한다. 따라서 결론적으로, 사해 두루마리 사본만으로는 어떤 판본이 예레미야 선지자의 연대와 더 가까운지에 대한 결정적인 답을 도출해 내기 어렵다.

또한 우리는 이들 판본의 역사를 조사하면서 뒤섞인 결과를 발견하기도 한다. 유대인 공동체는 마소라 사본을 더 선호했지만, 이것은 단지 예수님과 사도들의 시대 이후인 약 주후 100년 때부터인 것이 명백해 보인다. 반면 신약 저자들은 구약 본문을 인용할 때 칠십인역을 선호했다. 연구에 따르면 구약 본문이 신약에서 인용될 때, 헬라어 신약

성경, 마소라 사본(MT), 그리고 칠십인역에 기록된 각각의 표현이 어느 때는 약 80퍼센트 정도의 차이를 보인다고 한다.

마소라 사본에서 단어 그대로를 인용한 경우는 일반적이지 않으며, 도합 5퍼센트 미만으로 나타난다. 마소라 본문을 거의 동일하게 인용한 예를 모두 포함시켜도 신약의 저자들이 마소라 사본을 사용한 비율은 단 20퍼센트 정도에 그치는 것으로 보인다. 칠십인역에서 신약 저자들은 빈번하게 구약을 인용했다.[1] 하지만 그렇다고 해서 그들이 그 본문을 더 지지했다는 의미는 아니다. 신약 저자들은 두 판본을 모두 사용했다. 그들은 헬라어로 신약을 기록하고 있었기 때문에 구약을 인용할 때 헬라어 번역본을 사용한 것은 당시로서는 자연스러운 현상이었다고 할 수 있다.

현실적인 방안

그렇다면 우리는 어떤 결론을 내릴 수 있는가? 일단 칠십인역이 마소라 사본보다 조금 더 신성하다거나 "원전"이라도 되는 것처럼 선호해야 한다는 결론을 내릴 수는 없다. 만에 하나라도 그게 사실이라면, 우리는 신약 저자들이 마소라 본문을 인용하는 본문을 발견할 경우 충격을 받

1 Karen Jobes and Moises Silva, *Invitation to the Septuagint* (Grand Rapids, MI: Baker Academic), 189–93.

게 될 것이다. 물론 그 반대의 경우도 마찬가지다. 둘 중 어떤 판본도 그 자체로 더 입지가 높은 것은 아니다.

아마도 신약 저자들은 성령의 감동하심을 따라 성경을 기록하는 동안 그런 문제에 대해 염려하지 않았을 것이다. 어쩌면 이것이 우리가 얻을 수 있는 진정한 교훈일 수 있다. 성경에는 어떤 사본이 사용 또는 인용되었는지에 대한 우려와 관심을 직간접적으로 표명하는 단 하나의 사례도 언급되지 않는다.

이러한 무관심은 지중해 연안 전역의 회당에서 설교했던 바울의 사역 속에도 반영된다. 각 회당은 그 각각의 성경 필사본, 때론 칠십인경 그리고 때론 마소라 사본의 두루마리를 보유했고, 바울은 자신에게 가용했던 것이면 그중 무엇이든 사용했다. 바울 자신의 편지에서도 똑같은 원리가 적용되는 것을 볼 수 있다. 바울은 하나님의 섭리를 신뢰하며 매순간 자신이 하나님의 말씀을 읽고 설교하고 있다는 사실을 믿고 있었다. 우리도 그래야 할 것이다.

언약궤를 다시 발견하지 못하는 이유

○

○

○

●

극장에서 인디아나 존스 시리즈의 《레이더스》(Raiders of the Lost Ark)를 관람하던 그때의 스릴을 지금도 기억한다. 당시 고등학교 3학년이던 나는 고고학이라는 바이러스에 이미 감염된 상태였다. 그 영화는 나의 관심을 완전히 새로운 차원으로 끌어올렸다. 그것이 섭리였는지, 나는 인디아나 존스의 길을 따라갔다. 적어도 학문적으로는 그랬다. 나는 여전히 언약궤에 대해 흥분하곤 한다. 그러나 그것이 과거에 잃어버렸다가 지금은 어디선가 발견되길 기다리고 있을 것으로 더는 생각하지 않는다. 내가 그렇게 믿는 이유는 예레미야의 탓이다.

언약궤(성궤)가 느부갓네살의 유다 침공 때 파괴를 면하고 보존되었다는 생각은, 바벨론으로 실려간 여호와의 전 기구들 가운데 언약궤가 포함되었다는 식의 어떠한 직접적인 언급도 부재하다는 사실에 기초한다(대하 36:5-8). 마찬가지로, 유배 생활 끝에 다시 유다로 가져가게 된 기구들의 목록에도 언약궤에 대한 언급은 없다(스 1:5-11). 가장 단순한 설명은 바벨론의 왕 느부갓네살이 파괴한 "여호와의 성전의 금 그릇"에 언약궤도 포함되었다는 것이다(왕하 24:13). 하지만 그렇게 간단한 결론이라면 언약궤의 행방을 놓고 벌어지는 스토리가 전부인 영화를 돈 내고 보려는 사람은 아무도 없었을 것이다.

고대로부터 오늘날에 이르기까지, 대부분의 사람들은 느부갓네살이 성궤를 파괴하도록 하나님이 그냥 내버려두셨을 것이라는 개념을 거부해 왔다. 이스라엘의 가장 거룩한 기물을 차마 그렇게까지 하셨을까 하는 것이다. 이러한 부정적인 기류가 강했던 탓에, 언약궤가 지금도 어딘가에 고스란히 남아 있을 거라는 가설들이 제기되고 있다.

그 가운데 일부는 성경의 몇몇 사건에 토대를 두고 있다. 성전과 왕궁 곳간에서 값진 것들을 꺼내 조공으로 바쳤던 역사를 감안하면, 유다 왕 히스기야가 앗수르의 왕 산헤립에게 성궤를 조공으로 내어줬을 것이란 주장이 있다(왕하 18:13-16). 유다 왕 므낫세가 야훼의 성전에 우상을 들여놓고 제단을 쌓았을 때, 신실한 제사장들이 언약궤를 어딘가에 옮겼을 것이란 주장도 있다(왕하 21:1-9). 인디아나 존스는 이집트의 왕 시삭이 예루살렘을 침공했을 당시 성궤가 이집트의 타니스로 옮겨졌을 것이란 메시지를 수백만에게 전했다(왕상 14:25-28). 아마도 가장 흥미로운 가설은 솔로몬과 시바 여왕 사이에서 태어난 아들로 주장되는 메넬리크 1세(Menelik I)가 성궤를 에티오피아로 가져갔다는 주장과 관련될 것이다. 에티오피아의 왕실 연대기 ≪케브라 나가스트≫(*Kebra Nagast*)는 그런 아이디어를 매우 진지하게 제시했고, 이 때문에 에티오피아 통치자들은 20세기에 들어선 시점에서도 자신들이 메넬리크 1세의 혈통임을 입증해야 했다.

다른 가설들은 고대 여러 문서의 특정 본문에서 유래한다. 마카비2서 2:5는 느부갓네살의 침공 전에 예레미야가 언약궤를 어느 동굴 속에 숨기는 장면을 기록한다. 바룩2서 6:1-9는 침공 전에 언약궤가 초자연적으로 땅에 삼켜지고, 이스라엘의 회복 때까지 감춰진 것에 대해 묘사한다.

그러나 예레미야 3:16-17은 이 모든 가설들을 믿기 어려운 것으로 만든다.

> 여호와의 말씀이니라 너희가 이 땅에서 번성하여 많아질 때에는 사람들이 '여호와의 언약궤'를 다시는 말하지 아니할 것이요 생각하지 아니할 것이요 기억하지 아니할 것이요 찾지 아니할 것이요 '다시는 만들지 아니할 것'이며 그때에 예루살렘이 그들에게 여호와의 보좌라 일컬음이 되며 모든 백성이 그리로 모이리니 곧 여호와의 이름으로 말미암아 예루살렘에 모이고 다시는 그들의 악한 마음의 완악한 대로 그들이 행하지 아니할 것이며.

본문은 언약궤가 바벨론 유배로 인해 사라질 것을 분명히 말하고 있다. 예레미야 3:16은 또한 "그것이 다시는 만들어지지 않을 것"이라고 언급한다. 이러한 말투는 언약궤가 장차 임박한 재앙 속에서 파괴될 것임을 강하게 암시한다. 만약 이 성궤가 파괴될 운명이 아니었다면, 그것을 다시 만들 것이라든가, 다시 만들지 않을 것이라는 식의 언급 자체가 말이 되지 않는다.

예레미야 3:17은 이 요지를 강화하고 있다. 언약궤가 하나님의 보좌였다는 것이다. 야훼는 "속죄소"로 알려진 그 덮개 위 "그룹들 사이에" 앉으셨다(출 25:18-22; 민 7:89). 그러나 예레미야 본문은 예루살렘 자체가 하나님의 보좌로 일컫게 될 날에 대해 말하고 있다. 우리는 요한계시록 21:2-3에서도 이와 관련한 내용을 읽을 수 있다. "내가 들으니 보좌에서 큰 음성이 나서 이르되 보라 하나님의 장막이 사람들과 함께 있으매 하나님이 그들과 함께 계시리니 그들은 하나님의 백성이 되고 하나님은 친히 그들과 함께 계셔서." 언약궤가 다시 발견될 것이란 주장은 이 요한계시록의 그림에 어울리지 않는다. 그렇게 되면 오히려 더 실망스러울 것이다.

그, 그를, 나를, 나 자신, 그리고 나

○

○

○

●

만약 친구가 오늘 아침에 자신이 한 일을 이런 식으로 말한다면 정말 이상하게 들리지 않겠는가? "걔가(she) 잠자리에서 일어나고 한참이나 멍하게 있었어. 그렇게 있다가 갑자기 걔가(she) 방을 빠져나와 샤워를 했고 걔 손으로 직접(for herself) 간단한 아침 식사(커피하고 베이글 하나)를 준비했어. 나는(I) 한참이나 멍 때린 시간 때문에 서둘러야 했어서 내가(my) 차린 베이글을 다 먹지 못했고 그냥 커피만 내(with me) 손에 들고 집을 나왔어!"

솔직해져 보자. 당신은 아마도 친구에게 혹시 의사가 필요한 건 아닌지 걱정하게 될 것이다. 당신의 친구가 오늘 아침에 자신이 한 일을 이야기하긴 했지만, 처음 몇 마디에선 이야기의 당사자가 자신이 아닌 다른 사람인 것처럼 말했다. 만약 친구가 걔(she)라고 하면서 털어놓은 얘기가 모두 정작 자신에 관한 것이라면, 자기 얘기를 하는데 왜 처음부터 (우리가 문법에서 일인칭 대명사라고 부르는 호칭인) "나"(I) 그리고 "나의"(my)라는 표현을 사용하지 않았을까? 왜 친구는 마치 남의 이야기를 하듯 자신을 삼인칭으로 언급했을까? 우리는 그런 식으로는 절대 말하거나 쓰지 않는다.

그 점에선 성경 저자들도 다르지 않을 것이다. 그런데 성경의 여러 본문에서 실제로 우리는 바로 그런 식의 문장을 접하게 된다.

그 한 예로, 에스겔서의 첫 네 구절을 살펴보자.

> 서른째 해 넷째 달 초닷새에 '내가'[I] 그발 강 가 사로잡힌 자 중에 있을 때에 하늘이 열리며 하나님의 모습을 '내가 보니'[I saw, 개역개정, '내게 보이니'] 여호야긴 왕이 사로잡힌 지 오 년 그 달 초닷새라 갈대아 땅 그발 강 가에서 여호와의 말씀이 부시의 아들 제사장 [개역개정, '나' 추가] 에스겔에게[to Ezekiel] 특별히 임하고 여호와의 권능이 '그 위에'[upon him, 개역개정, '내 위에'] 있으니라 내가[I] 보니 북쪽에서부터 폭풍과 큰 구름이 오는데 그 속에서 불이 번쩍번쩍하여 빛이 그 사방에 비치며 그 불 가운데 단 쇠 같은 것이 나타나 보이고(겔 1:1-4).

첫 두 구절에서는 일인칭("나")을 사용하고 있다. 따라서 독자는 에스겔 자신이 이 본문을 기록하고 있다고 믿게 된다. 그런데 3절에서는 갑자기 삼인칭으로("에스겔에게", "그") 화법이 바뀐다. 마치 저자는 자신이 그 유명한 선지자가 아닌 것처럼 말하고 있는 것이다. 그런 후에 4절에서 다시 일인칭("I")으로 되돌아간다. 어떻게 된 영문일까? 에스겔 자신도 누가 쓰고 있는지 헷갈렸던 것일까?

물론 여기에 다중인격 장애 같은 요소는 없다. 그야말로 문법적 인칭의 변화는 편집자가 존재했다는 흔적이라고 할 수 있다. 에스겔이 아닌 다른 사람이 3절을 첨가한 것이다. 편집자는 에스겔이 미쳐서 환상을 본 것으로 오해할까 봐 그의 말이 참되다는 사실을 분명히 하려고 했던 것으로 보인다. 선지자는 정말로 하나님의 모습을 보았고 성령으로 이끌림을 받아 앞으로 이어지는 내용들을 묘사하고 있다.

이런 방식으로 성경을 편집할 권한이 누구에게 있었는가? 간단히 답하자면, 하나님이 성령으로 감화시킨 모든 편집자들이다. 더 길게 답하자면, 예언적인 글을 다룰 때 이스라엘의 신앙 공동체 내에 이스라엘 선지자들의 무리 또는 선지자 전통에 속한 사람은 선지자들의 설교와 교훈에 편집자로 섬길 수 있었다.

선지자 무리 또는 선지자 학교의 모습은 엘리야와 엘리사가 활동했던 시대를 통해 엿볼 수 있다. 선지자들은 하나의 공동체 안에서 함께 생활했다. 이들 무리는 "선지자의 제자들"(sons of the prophets, 왕하 2:3, 5, 7, 15)로 여김 받았고 그중에는 결혼한 부부들도 있었다(왕하 4:1). 이러한 선지자들의 공동체는 적어도 사무엘 시대 때부터 존재해 왔다(삼상 10장).

엘리야와 엘리사 시대에 선지자들 공동체의 규모는 상당했던 것으로 보인다. 엘리야 시대에 아합과 이세벨로부터 오바댜가 숨겨준 선지자들의 수만 최소한 백 명이었다(왕상 18:4). 그리고 엘리사 시대에는 그 수가 무리 전체를 가리키는 것이 아닌, "선지자의 제자" 오십 명이 언급되고 있다(왕하 2:7).

"선지자의 제자들"은 대부분의 공개적 발언(예언)을 떠맡았던 대표 선지자의 수하에서 하나님을 섬겼다. 우리는 이와 관련한 몇몇 구체적인 사례도 알고 있다. 바룩(렘 36장), 게하시(왕하 5:20), 그리고 엘리사(왕하 2:5). 선지자 공동체에 속한 무명의 여러 선지자들은 아마도 그들의 스승인 대표 선지자의 기록된 글들을 모으고, 그것을 두루마리나 책으로 편찬하는 임무를 수행했을 수 있다. 또한 그렇게 선지자의 말을 전적으로 기록하고 수집하고 편집하는 일들은 수장 격이던 선지자의 사후에, 성령의 인도하심 속에서 이루어졌을 가능성이 있다. 이러한 과정은 복음서가 만들어지게 된 방식과 유사한 면이 있다. 우리는 그 진행 방식을 확실하게는 모르지만, 오늘 우리 손에 쥐고 있는 이 책에 대해 한 사람 이상의 손길이 필요했음은 분명히 알고 있다. 그렇게 무명으로 아무 주목도 받지 못하고 하나님을 섬겼던 사람들의 존재야 말로 오늘 우리에게 주는 교훈 자체다.

가장 곤고한 때 주어진 기이한 환상

○

○

○

●

우리는 죄와 실수 또는 이해할 수 없는 상황들로 인해 우리의 삶이 곤고해질 때 하나님과 그분의 선한 뜻에 대해 섣부르게 판단하는 경향이 있다. 그런 시기에 우리가 종종 찾게 되는 성경의 여러 본문들이 있지만, 에스겔서의 서두를 장식하는 그 기이한 환상에 관한 본문을 선택하지는 않을 것이다. 이건 단언할 수 있다. 그럼에도 불구하고, 고대의 원 독자들을 향한 의도와 맥락을 염두에 두고 해당 본문을 읽게 된다면, 당시의 독자들뿐 아니라 지금 여기의 우리 그리스도인 모두를 향한 강력한 메시지를 발견하게 될 것이다. 이것 역시 단언할 수 있다.

바벨론 배경

바벨론에 포로로 잡혀가 거기서 유배 중이던 에스겔은 어느 날 환상을 보았다(겔 1:1-3). 에스겔의 환상을 고대 바벨론의 도상학(iconography)에 비추어볼 때, 에스겔이 본 것은 신적 존재가 타는 천상의 "보좌 전차"(throne chariot)였을 것이다. 이 이미지는 고대 성경 세계에서 광범위하게 나타난다. 인간 세계의 왕들이 전차를 소유했던 것처럼 고대의 신들도 그러했다. 신적 존재는 그의 보좌 전차를 타고 하늘을 누비면서 자신의 영토를 살피고 그 권세를 휘두르곤 했다. 에스겔의 환상에서, 이 보좌는 "궁창"(רקיע, '라키아', 1:26) 맨 위에 자리해 있었다. 이 단어는 창세기 1:6-8에서 하늘(궁창)을 가리킬 때 사용된 것과 똑같고(또한 시 29:10을 보라), 하나님이 거하시는 곳을 묘사할 때도 사용되었다(시 150:1).

보좌 전차는 네 개의 바퀴들에 의해 지탱되는데, 그 바퀴 곁에는 진귀한 모습의 네 생물들이 있었다(이후 그룹들로 밝혀진다. 겔 10:4). 생물들에게는 각각 사람, 사자, 독수리, 그리고 소(겔 1:6, 10), 이렇게 네 얼굴이 있었다.[1] 에스겔이 자세히 보니, 네 생물(그룹)들 곁에 바퀴가 지면에 닿아 있고 그 모양과 구조는 똑같았으며 황옥처럼 빛나고 있었다(겔

1 겔 10:14는 소의 얼굴 대신에 "그룹"(cherub)의 얼굴을 목록에 포함시키고 있다. 이 본문이 다름 아닌 야훼의 보좌 전차가 등장하는 환상이라는 점에서 이 문제는 쉽게 설명될 수 있다. 고대 유물들은 그런 보좌를 지탱하고 있는 그룹들(cherubim)이 소의 몸을 지닌 것으로 자주 묘사하고 있다. 여기에 모순되는 것은 없다.

1:15-16). 그 둘레가 "높다"고 묘사된 것을 감안할 때, 이 바퀴들은 땅에 누워 있지 않고 세워져 있었다(겔 1:18). 그 모양과 구조를 보다 자세히 설명하면 바퀴 안에 바퀴가 있는 것 같았다. 즉, 각 바퀴 안에는 최소한 하나 이상의 동심원이 있었다. 이 환상은 각 바퀴의 바깥 테두리, 또는 "둘레"에 "눈들"(עַיִן, '아인')이 가득하다고 말한다. 이와 매우 유사하게, 에스겔과 마찬가지로 바벨론에 있던 선지자 다니엘 또한 불꽃 보좌와 타오르는 불 바퀴에 대해 묘사한 바 있다(단 7:9).

이 환상의 배경

네 생물 또는 그룹들의 네 얼굴은 바벨론의 황도십이궁(Babylonian zodiac) 도상학과 연결된다. 황도십이궁이란 바벨론 종교의 점성술을 대표하는 주기별 별자리를 가리키는데, 그에 따르면 에스겔의 환상에 나오는 각 얼굴 또는 성운은 네 방위(동서남북) 또는 천체의 사분면(quadrants) 가운데 하나를 상징한다. 바벨론 사람들은 땅에서 일어나는 일들에 하늘도 연계되어 있다고 생각했고(시간, 계절, 수확, 날씨 등), 그들이 섬기는 신들이 그러한 기능을 주관한다고 믿었다. 별들에 관한 정보는 메소포타미아 문명의 아스트롤라베(astrolabes, 천체관측기구, 천문시계)에도 기록되었는데, 그 점토판의 동심원은 "바퀴 안의 바퀴" 심상을 떠올리게 한다.

에스겔의 환상 본문에 대한 영어 번역은 선지자가 바퀴 둘레의 "눈들"(עַיִן, '아인')을 묘사하는 지점에서 주로 분석이 나뉜다. 이 환상의 여러 곳에서 '아인'이 나타나고 있지만, 그것이 항상 번역으로 이어지지는 않는다. 에스겔 1장에서 '아인'은 본래 여섯 차례 나타나지만(4, 7, 16, 18, 22, 27절), ESV를 예로 들면, 무려 세 곳에서 번역되지 않고 있다(4, 7, 27절). 이 환상 속 바퀴에 대한 묘사에서, '아인'은 "빛나는"(개역개정, '황옥 같은', 겔 10:9)으로 번역되기도 한다. 고대 천문학의 기록에서는 빛나는 별들을 "눈"(eyes)으로 묘사하는 일이 다반사였기 때문에, '아인'은 별들 또는 황옥이나 수정같이 빛나는 어떤 모양을 뜻하기도 한다. 하지만 실제로는 많은 번역본들이 네 얼굴들을 통해 그려진 천문학적 맥락을 고려하지 못했으며 그렇게 번역될 수 있는 가능성을 놓치고 있다.

이 환상의 의미

바벨론 유배 동안 포로로 사로잡혔던 유대인들은 야훼가 자신들을 완전히 버리셨다고 선불리 단정했을 수 있다. 마찬가지로 바벨론 사람들은 자신들이 섬기는 신들이 야훼를 물리치고, 최강자로서 하늘과 땅을 다스리게 되었을 것이라고 섣불리 확신했을 수 있다. 그러한 유대인 유배자들과 바벨론 사람들에게 에스겔의 환상은 명료한 메시지를 전하고 있는데, 그 두 가지 추측 모두 틀렸다는 것이다. 야훼는 패배하지도 않으셨고, 또한 자기 백성 이스라엘에게서 돌아서신 것도 아니다. 야훼는 그 통치하시는 영토 (즉 온 우주) 한 가운데 있는 보좌 전차에 여전히 좌정해 계신다.[2] 만약 우리가 고대인들의 시각으로 에스겔 1장을 제대로 읽는다면, 지금 여기서 곤고한 날들을 살아가는 우리 역시 에스겔과 동일한 소망을 품을 수 있을 것이다. 힘들고 어려운 상황 가운데서도, 우리는 전능하시고 가장 탁월하신 하나님이 큰 능력으로 살아 역사하시며 우리 삶에 임재하고 계심을 확인할 수 있다.

2 이것은 일부 유대인 회당들(예, 베이트 알파)이 그 중심에 하나님의 전차 보좌가 있는 황도십이궁 모자이크 장식을 하고 있는 이유기도 하다. 그에 대한 진술은 신학적인 것인데, 우리 하나님이 천체를 다스리시는 분이며 다른 신에게는 그러한 주권적 권세가 없다는 것이다.

사해 두루마리 사본이 정경에 관한 문제에 해답을 제공하는가?

○
○
○
●

1947-1956년 사이에 발굴된 사해 두루마리 사본(The Dead Sea Scrolls)은 성서학 연구에 새로운 장을 열었다. 사해 두루마리 사본은 사해 북서 연안, 쿰란으로 불리는 지역의 고고학 발굴 현장 주변 동굴들에서 발견되었고 고대의 필사 관행과 히브리 언어의 역사 연구에 크게 기여했다. 그러나 그러한 연구 외에도, 사해 사본은 오랫동안 논란이 되었던 구약 정경 목록과 관련한 사안에 직접적인 영향을 미쳤다. 그렇다면 사해 사본의 발견은 우리의 성경에 무엇이 포함되어야 하는지 또는 무엇이 포함되지 말아야 하는지를 명확히 밝혔는가?

"정경"(canon)이란 용어는 신앙 공동체—이 경우에는 유대교와 기독교—에 의해 신성하고 권위 있는 것으로 여겨진 책들의 모음집을 가리킨다. 역사적 증거에 따르면, 유대인 공동체가 주후 100년이 지난 시점에도 여전히 (에스더서와 아가서 같은) 일부 책들 또는 (에스겔 40-48장 같은) 책의 일부 본문에 대해 확신하지 못하고 있었음을 보여준다. 쿰란에서 발굴이 있기 전까지, 이전 세기의 유대 지도자들이 이와 유사한 의문을 품었는지 (아니면 또다른 의문을 품었는지) 여부는 베일에 가려져 있었다.

현재 개신교 복음주의 진영의 정경에 수록된 구약 각 권의 파편들이 사해 두루마리 사본에서도 발견되었다. 다만 에스더서는 거기에 없었다. 그러나 유대인들의 쿰란 공동체가 에스더서를 누락시켰다고 해서 그러한 사실이 에스더서의 정경성 문제에 크게 유의미한 것은 아니다.

에스더서의 누락 자체가 쿰란 공동체가 에스더에 관해 실제로 어떻게 생각했는지를 우리에게 말해 주지는 않는다. 현대에 발견된 사해 두루마리 사본은 단지 쿰란 공동체에서 처음부터 보관하던 자료들 중 일부이기 때문이다. 우리가 발견한 자료들은 오랜 세월의 여파로 불완전한 형태를 갖출 수밖에 없었고 따라서 우리는 어떤 단정적인 결론도 내릴 수 없다.

덧붙여, 쿰란 공동체의 유대인들은 유대교 여러 분파들 가운데 하나였을 뿐이다. 만약 그들이 에스더서를 심지어 거부했다는 증거가 있다고 할지라도, 그것은 단순히 유대교 한 분파의 입장을 대변하는 것이라 볼 수 있다. 오늘날 현대 기독교 세계의 주요 종파들 간에도 정경에 대한 견해가 서로 일치하고 있지 않다. 특정한 책이 승인을 받았거나 또는 승인 받지 못했다는 사실 자체가 어느 입장이 더 옳은 것인지에 대해 말해 주는 것은 아니다.

이 외에도, 쿰란의 필사자들은 자신들의 공동체 문서에서 특정한 믿음이나 관행을 이유로 특정 책을 권위 있는 것으로 인용함으로써 해당 책이 신성한 지위에 있음을 종종 드러내곤 했다. 특정 책의 신성한 지위는 또한 그들이 편찬한 주석들을 통해서도 드러난다. 그러나 오늘날 구약 정경에 속한 책들이 모두 이 기준에 부합하지는 않는다. 예를 들면, 사사기, 예레미야, 그리고 욥기는 쿰란 공동체 문서에서 한번도 인용되고 있지 않다. 이 책들은 그들이 주석을 편찬하는 동안 관심을 받지 못했다. 이것은 발굴된 사해 사본 자료들이 완전한 역사적 고증에는 여전히 미흡한 것을 감안하면 그리 놀라운 일이 아니다. 쿰란의 필사자들은 유대교 또는 기독교 공동체에 의해 후대에는 구약 정경에 포함되지 않게 될 몇몇 책들을 정경으로 여기기도 했다. 예를 들면, 이후 에녹1서와 희년서로 알려진 책들이 여기에 포함된다.

사해 두루마리 사본이 유대교의 한 분파가 소유했던 자신들의 정경을 어떻게 생각했는지에 대한 흥미로운 통찰을 제공해 주는 것은 사실이지만, 그 자료들이 궁극적으로 현대의 더 광범위한 정경 문제 논의에 어떤 단정적인 결론을 제공해 주는 것은 아니다.

여기서 잠깐!

쿰란의 두루마리 사본에서 처음부터 느헤미야서의 파편이 발견된 것은 아니다. 본래 고대 유대교 정경에는 에스라서와 느헤미야서가 통합되어 있었고, 그리고 에스라서의 파편이 쿰란에서 발견되었기 때문에, 학자들은 느헤미야서에 대해 관심을 두지 않은 채 오직 에스더서만 누락된 것으로 간주했다. 그러다가 마침내 2012년 봄, 학자들이 쿰란 4번 동굴에서 발굴된 두루마리 사본에서 처음으로 느헤미야서 파편을 발견했다.

제2부 신약 촘촘히 읽기

지옥 매장하기

"바요나 시몬아 네가 복이 있도다 이를 네게 알게 한 이는 혈육이 아니요 하늘에 계신 내 아버지시니라…너는 베드로라 내가 이 반석 위에 내 교회를 세우리니 '지옥의 문'(개역개정, '음부의 권세')이 이기지 못하리라"(마 16:17-18). "지옥의 문"(gates of hell)이라니? 예수님은 "주는 그리스도시요 살아 계신 하나님의 아들이시니이다"(16:16)라는 베드로의 고백에 왜 그런 대답을 하셨을까?

우주적 형세에서 지옥의 문

"지옥"이란 단어를 대할 때마다 우리는 자연스럽게 그곳을 불신자들이 죽어서 가는 곳, 즉 믿지 않는 망자들의 영역으로 생각하는 경향이 있다. 그러나 여기서 "지옥"(hell, 개역개정, '음부')으로 번역된 헬라어 단어는 하데스(ᾅδης)이며, 이는 불신자뿐 아니라 '모든' 죽은 자들이 거하는 지하세계를 가리킨다. 헬라어의 하데스와 같은 의미로 사용되었던 히브리어 단어는 '스올'(sheol)이며, 이는 이생에서의 삶을 마친 모든 이들이 가게 되는 "땅 아래"(under the earth)의 장소를 가리킨다.

스올에는 그곳에 거하는 자들이 다시 올라오지 못하게(욥 7:9) 막기 위한 "빗장"(bars, 개역개정, '문', 욥 17:16)과 "줄"(cords, 삼하 22:5-6))이 있었다. 의인과 악인 모두가 스올로 내려갔다. 그러나 하나님을 믿는 의인은 스올에서 건짐을 받고 하나님과 영원히 함께할 것이란 소망을 가질 수 있었다(시 49:15).

베드로의 고백을 듣고 예수님이 돌연 지하세계를 언급하신 것에 제자들이 놀랐을 수 있지만, 하데스의 문에 대한 언급은 제자들에게 또 다른 이유에서 충격을 주었을 것이다. 만약 제자들이 구약성경을 잘 알고 있었다면, 예수님이 그 말씀을 하실 때 자신들이 바로 그 문 앞에서 있는 것으로 이해했을 것이란 점이다.

지상의 형세에서 지옥의 문

마태복음 16장은 헤르몬 산을 포함한 산악 지역에 인접한 빌립보 가이

사랴(Caesarea Philippi) 지방을 배경으로 하고 있다. 구약에서 이 지역은 '바산'(Bashan)으로도 알려져 있었는데, 바산은 그 사악한 평판으로 유명세를 떨치던 지역이다.

구약에 따르면 바산은 시혼(Sihon)과 옥(Og), 두 왕이 다스리던 곳이다. 그들은 고대의 거인족인 르바임 족속 및 아낙 족속과 관련이 있었다(신 2:10–12; 수 12:1–5). 그들이 다스리던 왕국의 주요 성읍으로 알려진 아스다롯(Ashtaroth)과 에드레이(Edrei)는 르바임 족속의 거주지였다(신 3:1, 10–11; 수 12:4–5).

이 성읍들과 르바임 거주민들은 가나안(우가리트) 쐐기문자 점토판에도 그 이름이 언급될 정도다. 우가리트 사람들은 르바임이 죽은 전사왕들(dead warrior-kings)의 영혼이라고 믿었다. 또한 우가리트 사람들은 르바임의 성읍 아스다롯과 에드레이가 지하세계로 들어가는 입구, 즉 스올의 문이라고 믿었다. 뿐만 아니라 분열 왕국 시대에 여로보암은 (헤르몬 산에 인접한) 단 지역에 이방 신을 섬기는 종교 시설을 세웠는데 거기서 이스라엘 백성들이 야훼 대신 바알을 섬겼다.

제자들에게 바산은 이 세상 밖에 있는 초자연적인 악의 세계와 같은 곳이었다. 하지만 자신들이 서 있던 그곳에서 제자들이 불길함을 느낄 수밖에 없었던 다른 두 가지 이유가 있다. 유대인의 전승에 따르면, 헤르몬 산은 하나님의 신적인 아들들이 하늘에서 내려왔던 장소다. 결정적으로 그들은 인간 여인들과 동침하여 낳은 자식들을 통해 인류를 부패하게 만들었다(참고. 창 6:1–4). 그 자식들이 곧 아낙 족속과 르바임 족속의 조상인 네피림으로 알려졌다(민 13:30-33). 유대교 신학에서 이들 거인들의 영들이 귀신으로 간주되었다(에녹1서 15:1-12).

빌립보 가이사랴에 관한 더 소름 돋는 사실은 그 지역이 제우스에게 헌당되어 바쳐졌던 장소라는 점이다. 이교도의 신 제우스는 단 지역에 있는 더 오래된 고대 산당에서 조금 떨어진 신전—헤르몬 산 기슭—에서 숭배되었다. 말하자면 이 지옥의 문은, 여호수아에서 솔로몬 시대 사이에 간간이 등장한 것 이외에도, 계속해서 열려 있었고 활발히 영업 중이었다.

예수님이 전쟁을 선포하시다

"너는 베드로라 내가 이 반석(rock) 위에 내 교회를 세우리니." 이 본문에서 예수님이 언급하신 바위(반석)는 베드로도 아니고 주님 자신도 아니었다. 그것은 제자들이 서 있던 바위, 즉 헤르몬 산 기슭을 가리켰다. 구약 시대와 헬라 세계에서 악한 귀신들의 사령부처럼 여겨지던 곳이었다.

우리는 "지옥의 문[음부의 권세]이 [그것과 맞서] 이기지 못하리라"(the gates of hell shall not prevail against it)는 표현에서 교회가 악한 세력의 공격을 받는 것으로 생각하는 경향이 있다(물론 교회가 결국 이기긴 하지만). 그러나 헬라어 본문에서는 "맞서다"(against)라는 단어가 없다.

따라서 그 단어를 제외하고 번역하면 완전히 다른 의미를 내포하게 된다. 그것은 이렇게 번역될 수 있다. "지옥의 문[음부의 권세]은은 그것을 견뎌 내지 못할 것이다"(the gates of hell will not withstand it).

예수님은 이 영적 전투에서 먼저 공세를 가하는 주체가 악의 세력이 아니라 오히려 교회라고 보셨다. 예수님은 악과 죽음을 향해 친히 선전포고를 하신 것이다. 예수님은 지옥의 문 위에 그분의 교회를 세우실 것이며, 그것을 매장시켜버리실 것이다.

나의 수호천사

○
○
○
●

"종이 울릴 때마다 천사의 날개가 돋는다."

성탄절에 할리우드 고전 영화《멋진 인생》(*It's a Wonderful Life*)을 시청하는 전통을 가진 미국 사람들에게 이것은 친숙한 표현이다. 천사 클라렌스는 조지 베일리(George Bailey)를 도와서 비록 눈에 띄진 않지만 그의 평범한 삶이 다른 사람들의 삶에 얼마나 중대한 영향을 주었는지를 보게 한다. 이 영화는 마음이 따뜻해지는 이야기, 희망과 용기가 가득한 이야기를 담고 있다. 그런데 (다소 엉뚱한 말이긴 하지만) 이 영화가 그려낸 신학적 사상은 어떠한가? 클라렌스 같은 수호천사의 존재는 과연 성경적인 것일까?

마태복음 18:10에 기록된 예수님의 말씀에 따르면, 그 대답은 예스(yes)가 될 수 있다. "삼가 이 작은 자 중의 하나도 업신여기지 말라 너희에게 말하노니 그들의 천사들이 하늘에서 하늘에 계신 내 아버지의 얼굴을 항상 뵈옵느니라." 이 본문은 어린아이들에게는 하나님 앞에서 그들을 대신해 서는 천사들이 있음을 말하고 있다. 마태는 어디서 그런 발상을 얻게 되었을까?

욥기 5:1에서, 천사들(개역개정, '거룩한 자')은 하나님과 사람 사이에서 중보자로 제시된다. 욥의 친구 엘리바스가 그에게 묻는다. "너는 부르짖어 보라 네게 응답할 자가 있겠느냐 거룩한 자 중에 네가 누구에게로 향하겠느냐?" 엘리바스는 하나님과 욥 사이에서 천사가 중재 역할을 할 수 있음을 상정하고 있다.

성경의 세계에서는 이러한 사고가 보편적이었다. 예를 들면, 고대 메소포타미아 사람들은 인간에게는 신들의 모임 앞에서 그들을 위해 호소할 "각자의 신들"이 있다고 믿었다.

하지만 우리에게는 더 이상 다른 중보자가 필요하지 않다. 예수님은 그분의 죽음과 부활로 말미암아 하나님 앞에서 우리를 위한 중보자가 되셨다(딤전 2:5). 그런데 신약은 여전히 천사들을 신자들을 돕기 위한 중재 사역자들로 묘사하고 있으며, 이 같은 사실은 히브리서 1:14 진술에서도 잘 나타나 있다. "모든 천사들은 섬기는 영으로서 구원 받을 상속자들을 위하여 섬기라고 보내심이 아니냐?"

또한 사도행전 12장의 내러티브는 천사들과 사람들 사이에서 지속적으로 이어지는 일종의 교류에 대해 말하고 있다. 천사가 베드로를 감옥과 사형의 위험에서 구해낸 후, 베드로는 그의 동료 신자들이 모인

집으로 향한다(12:6-10). 집 안에 있던 사람들은 베드로가 대문 밖에 서 있다는 소녀의 말을 믿지 않았다. 그들은 대문 밖에 있는 자가 "그의 천사"일 것이라고 답했다(12:15). 이 진술은 인간에게는 마치 천상의 단짝처럼 활동하는 각자의 천사—각 사람의 안녕을 위해 그들에게 붙어 다니던 존재—가 있다고 믿었던 초기 그리스도인들의 생각을 보여주고 있다.

우리는 우리 삶에서 일어나는 천사들의 수호와 중재 사역에 대한 개념을 대개 상상에 불과한 것으로 치부하곤 한다. 그에 비해, 《멋진 인생》 같은 할리우드 영화는 비록 표면적이나마 성경적인 개념을 끄집어내는 데 성공했다고 볼 수 있다. 하나님의 대행자들은 그분의 지시에 따라, 하나님의 자녀인 우리를 위해 사역하도록 위임을 받았다.

신약성경이 구약을 잘못 인용하는 것인가?

○

○

○

●

신약의 저자가 구약의 본문을 인용할 때, 두 본문이 서로 정확하게 일치하지 않는 경우가 간혹 있다. 이것은 신약의 저자가 구약을 잘못 인용했기 때문일까? 아니면 다른 설명이 가능한 것인가?

누가는 예수님이 공생애 사역을 시작하셨을 때, 안식일에 나사렛의 회당으로 들어가신 사건을 기록하고 있다. 예수님이 성경을 읽으려고 일어나시자, "선지자 이사야의 글"이 예수님의 손에 주어졌다(눅 4:17). 예수님은 이사야 61:1-2에서, 2절의 후반부를 생략한 채, 기름부음 받은 자의 극적인 도래에 관해 묘사된 부분을 읽으셨다. 2절 후반부를 생략한 것은 이해가 간다. 그런데 누가복음 4:18-19와 이사야 61:1-2를 나란히 놓고 대조해 보면, 예수님이 읽으신 내용에 여러 차이가 있음을 어렵지 않게 발견할 수 있다.

구약의 원래 본문에 눈 먼 자를 다시 보게 하신다는 언급은 없다. 반대로 이사야서에서는 누가복음에 빠져 있는 "마음이 상한 자를 고치며"라는 표현이 있다. 앞서 누가가 예수님이 두루마리를 펴서 읽으셨다고 명시한 점을 감안하면 단지 누가 (또는 예수님)의 기억이 잘못되어 이러한 차이가 발생한 게 아님을 알 수 있다. 그렇다면 무슨 일이 있었던 것일까?

누가복음 4:18-19	이사야 61:1-2
주의 성령이 내게 임하셨으니 이는 가난한 자에게 복음을 전하게 하시려고 내게 기름을 부으시고 나를 보내사 포로 된 자에게 자유를, '눈 먼 자에게 다시 보게 함을 전파하며' 눌린 자를 자유롭게 하고 주의 은혜의 해를 전파하게 하려 하심이라 하였더라	주 여호와의 영이 내게 내리셨으니 이는 여호와께서 내게 기름을 부으사 가난한 자에게 아름다운 소식을 전하게 하려 하심이라 나를 보내사 '마음이 상한 자를 고치며' 포로된 자에게 자유를, 갇힌 자에게 놓임을 선포하며 여호와의 은혜의 해와 우리 하나님의 보복의 날을 선포하여 모든 슬픈 자를 위로하되

신약의 구약 인용과 구약 본문 자체 사이에 차이가 발생하는 경우, 대부분의 원인은 히브리 성경의 고대 헬라어 번역본인 칠십인역에 있다. 그것과 현재 대부분의 구약성경 역본이 기본으로 삼는 히브리어 본문 사이에 종종 불일치가 발생하기 때문이다. 아마도 예수님이 칠십인역으로 반영된 히브리어 본문에서 읽으셨거나, 또는 누가가 칠십인역으로 그 인용문을 채웠던 것이 분명해 보인다(누가는 유대인이 아니었고 헬라어를 사용했기 때문에, 그의 성경은 칠십인역이었을 것으로 여겨진다).

이사야 61:1-2에 대한 칠십인역은 다음과 같다. "주의 성령이 내게 임하셨으니 이는 그가 내게 기름을 부으셨기 때문이라 그가 나를 보내사 가난한 자에게 복음을 전하게 하시고, 마음이 상한 자를 고치게 하시며, 포로 된 자에게 자유를 그리고 눈 먼 자에게 다시 보게 함을 선포하게 하시며, 주의 만족할 만한 해를 불러오게 하려 하심이라"(NETS: New English Translation of the Septuagint). 예수님(또는 누가)은 칠십인역에서 "눈 먼 자에게 다시 보게 한다"는 문구를 취하고 있다. 또한 칠십인역은 누가의 기록에는 빠져 있는 전통적인 구약 본문에서의 문구도 포함하고 있다!

이러한 사례는, 특히 인용구절에서, 성경의 관주(cross references)를 확인하는 것이 얼마나 중요하고 유용한지를 보여주는 사례다. 신약의 구약 인용절을 NASB 또는 ESV 같은 전통 히브리어 본문의 영역본들, 그리고 칠십인역의 최신 영역본과 모두 비교해 봄으로써 독자들은 혼자서도 이러한 연구를 시도해 볼 수 있다.[1]

우리는 성경의 저자들 역시 그들이 하나님의 말씀으로 여기는 '번역본'에 의존했다는 사실을 자주 망각한다. 그렇다면 우리도 지금 우리에게 주어진 성경 번역본들을 하나님의 말씀으로 여겨도 되지 않을까!

---

1 칠십인역에서 번역한 최신 영역본으로는 *Lexham English Septuagint* (Lexham Press, 2013)와 *New English Translation of the Septuagint*(Oxford, 2008)이 있다.

"사탄이 번개 같이 떨어지는 것을 내가 보았노라": 언제?

○

○

○

●

예수님이 제자들에게 하셨던 이 말씀은 누가복음에서 가장 수수께끼 같은 구절 가운데 하나라고 할 수 있다. "사탄이 하늘로부터 번개 같이 떨어지는 것(fall like lightning from heaven)을 내가 보았노라"(눅 10:18). 여기서 질문은 이 진술의 내용, 그 '무엇'과 관련된 것이 아니다. 사탄이 심판 아래 놓여 있다는 것은 분명하다. 오히려 그 진술이 가리키는 시점, '언제'와 관련해 혼란이 있다. 이것은 에덴동산이 창설되기 이전, 사탄이 (하나님의 천군[heavenly host]의 일원이었다가 자신의 자리를 망각하고 하나님을 거스름으로써) 진짜 사탄이 '되었던' 시점에 대한 언급처럼 들릴 수 있다. 그러나 이런 식의 결론은 너무 성급해 보인다.

사탄이 떨어진 시점을 밝혀내고자 할 때 우리에게는 기본적으로 세

가지 선택지가 있다. 예수님의 지상 사역 이전, 지상 사역 기간, 그리고 그 이후 중에서 고를 수 있다. 많은 사람들이 각자의 견해를 피력했다. 아마도 가장 일반적인 해석은 예수님이 (에덴 이전) 사탄의 맨처음 타락 시점을 말씀하셨다는 것이다. 이러한 견해는 문맥상 잘 들어맞지 않는다. 이러한 언급이 있기 전에, 예수님은 제자들을 보내셔서 병자들을 고치게 하시고 하나님의 나라가 가까이 왔음을 선포하게 하셨다(눅 10:1-9). 돌아온 제자들은 예수님의 이름이면 귀신들이 자신들에게도 항복한다는 사실에 놀라며 흥분했다(10:17). 그러자 예수님이 "사탄이 하늘로부터 번개 같이 떨어지는 것을 내가 보았노라"고 말씀하셨던 것이다.

하나님의 나라, 귀신들의 패배, 그리고 사탄 사이에는 연관성이 존재하는 것처럼 보인다. 그러나 만약 누가복음 10:18에서 언급한 사탄의 추락이 먼 과거의 한 사건을 말하는 것이라면, 왜 그때 곧바로 하나님의 나라가 임하지 않았을까? 만약 그랬다면, 예수님이 마침내 무대에 등장하신 그 시대에도 왜 사탄은 여전히 강력하게 활동하고 있었을까? 심지어 다윗이 이스라엘 왕국을 통치하고 성전 지성소에는 하나님이 임재하시던 시대에도 사탄의 권세와 영향력은 명백해서 구약 역사 곳곳에 그 발자국을 남기고 있지 않은가.

예수님이 자신의 지상 사역 기간에 일어난 사탄의 추락을 언급하신 것이라는 관점이 더 나아보이긴 하지만 그것도 문제가 전혀 없는 것은 아니다. 우리는 예수님의 공생애 이전 시기에, 성경 어디에서도 누군가가 귀신들을 내쫓았다는 기록을 찾을 수 없다. (지상에 임한 하나님 나라 및 통치의 선포를 포함해) 그러한 권세가 발휘되었다면 누구도 보지 못했을 리 없다. 그것은 예수님을 사탄을 굴복시키는 "더 강한 자"로 규정하는 누가의 다음 장 기록과도 일치한다(눅 11:14-23). 예수님이 그 강한 자(사탄)를 결박하셨기에, 예수님과 제자들은 사탄의 영역을 빼앗을 수 있다. 이것은 예수님이 사탄과 관련하여 언급하신 후, 제자들에게 악의 세력을 이기는 권능을 주노라고 말씀하신 내용과 연결되는 것으로 보인다(눅 10:19-20). 그러나 이 구절들 역시 우리에게 난제를 제공한다. 만약 그렇다면 왜 우리는 이후에도 그 동일한 복음서에서, 그리고 신약의 다른 본문들에서 제자들이 사탄의 공격에 미처 대응하지 못하는 모습을 보게 되는가(눅 22:31-61; 고후 12:7; 살전 2:18)?

이러한 사실은 우리에게 세 번째 선택안을 고려하게 한다. 사탄에 대한 예수님의 언급은 예수님 자신의 때 이후에 일어날 일을 가리킨다는 것이다. 과거에도 그리고 지금도 각처의 모든 교회에 대한 지속적인 핍박이 상존하듯, 사탄은 여전히 활발하게 활동하고 있다. 그렇기 때문에 사탄이 "하늘로부터 번개 같이" 추락하는 모습을 미래의 한 사건으로 보는 것이 더 타당하다는 것이다. 누가가 사용한 어법("내가 보았노라"[I saw])은 구약, 특히 다니엘서에서(단 4:10; 7:2, 4, 6-7, 9, 11, 13, 21) 예언적 환상을 소개할 때 흔히 사용된 표현이다.[1]

1 눅 10:18에서 사용된 헬라어 동사(ἐθεώρουν, '에테오룬')와 동일한 형태가 이 모든 "환상"과 관련한 다니엘서의 헬라어 판본에서 사용되고 있다.

나의 개인적 관점은 두 번째와 세 번째 견해를 절충한 것이다. 예수님의 공생애 사역을 통해 본격적으로 하나님의 통치가 시작된 것은 너무나 분명해 보인다. 그러나 그 통치는 확장 중에 있으며, 그것은 미래의 어느 한 시점에 이르러 완성될 것이다. 구약이 우리에게 거듭 상기하고, 누가복음 10:18에서 예수님이 확증하셨듯이, '그날에' 우리의 대원수(cosmic enemy) 사탄은 신속히 그리고 최종적인 패배를 당하게 될 것이다.

치유하는 뱀

○

○

○

●

요한복음 3:16을 암송할 수 있는 사람들은 제법 많겠지만, 요한복음 3:14-15에 대해 아는 사람은 과연 얼마나 있을까? 이 두 구절에서 예수님이 하신 말씀은 사람들 사이에 혼란과 논쟁을 야기했다. "모세가 광야에서 뱀을 든 것 같이 인자도 들려야 하리니 이는 그를 믿는 자마다 영생을 얻게 하려 하심이니라."

요한복음 3:15에는 아무런 문제가 없다. 예수 그리스도, 이 본문의 표현에 따르면 인자(the Son of Man)가 영생을 얻게 될 모든 자들을 위한 참 믿음의 대상이 되신다는 복음을 선언하고 있다. 난해한 부분은 14절에 있다. 이 구절에서 예수님은 자신의 십자가 숙명을 광야에서 "들린"(lifted up) 뱀에 비유하신다.

이 유비를 통해 예수님은 이스라엘 자손이 약속의 땅으로 향하는 여정에서 자신들이 처지를 놓고 불평했던 사건들 가운데 하나인 민수기 21:4-9의 장면을 이끌어내고 있다. 이스라엘의 인내심 없고 믿음 없는 모습으로 말미암아, 하나님은 맹독을 지닌 "불뱀들"(fiery serpents)을 진영으로 보내 그들을 벌하신다(민 21:6). 많은 참사가 있은 후, 백성들은 모세에게 자신들을 위하여 하나님께 기도해 줄 것을 간청한다. 하나님은 진노를 누그러뜨리시고, 모세에게 놋뱀을 만들어 장대 위에 매달도록 지시하신다. 뱀에게 물린 사람 누구나 그 놋뱀을 쳐다보면 고침을 받을 수 있었다.

비록 장대 위의 놋뱀과 십자가에 달리신 예수님 사이의 유사성은 명백한 것으로 보이지만, 그 사건은 여러 의문들을 제기한다. 하나님은 왜 이스라엘 자손들을 직접 고쳐주지 않으셨을까? 놋뱀은 일종의 우상이었고, 그렇다면 십계명의 두 번째 계명을 위반한 것은 아닐까? 뱀에 물린 이스라엘 자손들은 뱀과 연관된 치유법으로 인해 더 놀라거나 주저하지는 않았을까?

에덴에서 나온 뱀은 아니다

우리는 장대 위의 뱀(민 21장)과 에덴 동산의 뱀(창 3장)을 부당하게 연결시킬 수 있겠으나, 이 두 본문 사이의 유일한 유사점은 "뱀"(serpent, נחש, '나하쉬')이란 단어 밖에 없다. 창세기 3장의 '나하쉬'는 하나님의 뜻과는 별개로 독단적으로—그리고 하나님의 뜻에 반하여—행동하는 존재였다. 민수기 21장에서 이스라엘 백성을 물은 뱀들은 죄에 대한 하나님의 심판의 도구였다. 그리고 장대 위의 그 '나하쉬'는 죄로 인해 벌을 받은 자들을 위한 하나님의 치유의 도구였다.

어쩌면 주술일 수도

"왜 뱀인가?"란 질문에 대한 답을, 부분적으로는, 고대의 공감 주술(sympathetic magic) 관행에서 찾을 수 있다. 그것은 사람이 어떤 대상에 의해 고통을 당하게 될 때, 그 사람을 고통스럽게 한 그 대상과 똑같이 생긴 형상으로 그 사람을 치유하거나 구해 낼 수 있다는 개념이다. 정교한 의학적 지식이 부재했던 고대 문화에서는 그런 수단들을 통해 육체의 우환과 질병 또는 저주일 것으로 감지되는 고통에서 치유책을 찾곤 했다. 우리는 구약의 다른 본문에서도 이러한 고대의 치료 방식에 대한 몇 가지 사례들을 발견할 수 있다.

예를 들면, 블레셋 사람들은 야훼가 그들의 성읍에 내리셨던 재앙에 대응하는 다섯 개의 금으로 된 형상을 만들어 보냈다(삼상 6:5-18). 모세와 엘리사 둘 다 오히려 물을 오염시키는 재료를 사용하여 식수를 정화시키는 반대 효과를 가져왔다(출 15:25; 왕하 2:21). 엘리사의 경우 그가 그렇게 행하는 과정에서 하나님의 지시를 받았던 것은 아니다. 그렇다면 엘리사는 자신이 그런 방식을 취할 때 하나님이 권능을 행하실 것으로 확신했음이 분명하다. 민수기 21장에서 하나님은 이처럼 당시 사람들에게 친숙했던 문화적 발상을 매개로 이스라엘 자손에게 신적인 구원에 대한 제안을 전달하셨던 것이다.

또한 상징일 수도

하나님이 뱀이란 상징을 사용해 이스라엘을 치료하신 이 사건에는 그것을 타당하게 만드는 다른 이유들도 있었다. 이스라엘 민족은 다른 셈족 사람들처럼 뱀을 생명 및 치유와 관련된 것으로 생각했다. 뱀은 허물을 벗고 탈피했기 때문에 재생하는 치유 능력이 있는 것으로 여겨졌다. 뱀의 형상은 고대 근동 예술에도 매우 일반적인 모티프였다. 특정 물건을 저장하기 위한 항아리에는 대개 뱀의 형상이 새겨졌다. 아마도 도굴이나 약탈을 막기 위함이었을 것이다. 그리스 신화의 의술의 신 아스클레피오스(Asclepius)는 뱀으로 표현되기도 했다. 아스클레피오스의 막대기, 뱀으로 휘감겨 있는 지팡이는 오늘날에도 여전히 의술과 치료의 상징으로 사용된다. 여기서 야훼는 이러한 이미지를 통해 다른 신들보다 탁월한 야훼 자신의 주권적 능력을 선포하시는 것이다.

치료와 관련된 것 이외에도 뱀은 보호의 상징으로도 널리 알려져 있었다. 고대 이집트의 경우만 해도, 뱀은 상징으로서 항상 존재했다. 파라오 왕관의 우라에우스(uraeus) 뱀 형상은 파라오를 해악과 질병으로부터 지키고 그에게 치유 능력을 주는 것으로 여겨졌다. 다른 뱀 형상들은 신적인 수호자 역할을 했다. 모세와 파라오의 대결에서 하나님의 뱀이 이집트의 뱀들을 집어삼켰는데, 이로써 야훼의 능력이 훨씬 더 우월하다는 강력한 신학적 메시지를 전달했다(출 7:8-13). 이것은 파라오가 아니라 오직 야훼께 자연 세계와 신적 세계에 대한 모든 권능, 그리고 심판 또는 자비를 이행하거나 거둘 수 있는 전권이 있다는 것을 보여준다. 야훼는 참 하나님이신 반면에, 파라오는 아마추어 마술사에 불과하다는 것이다.

민수기 21장과 요한복음 3:14-15 본문에서도 이런 메시지들을 부분적으로 전하고 있다. 첫째, 야훼는 가벼이 여길 신이 아니라는 것이다. 하나님은 자연의 힘에게 명령하여—맹독의 뱀들을 이스라엘에게 보내어—믿음 없는 자들을 벌할 능력을 갖추신 분이다. 그러나 하나님에게는 놋뱀을 이용한 신적인 치료를 통해 그러한 인과관계를 바꿀 능력도 있으시다. 치유는 단 하나의 조건을 충족해야 한다. 이스라엘 백성은 하나님이 제안하신 것을 믿어야 했고 그 믿음에 따라 행해야 했다.

예수님은 "믿음의 순종"(순종하는 믿음)에 대한 이 시험 사건을 언급하심으로 예수님 자신의 십자가 운명과 잘 어울리는 유비를 만들어내고 계신다. 십자가의 장대 위에 달리신 예수님을 바라보는 모든 자들에게는—오직 그 해를 입은 자들이 믿기만 한다면—자연 세계에서 가장 강렬한 힘인 죽음조차 역전될 것이다.

누가 내 성경에서 4절을 빼갔는가?

○

○

○

●

요한복음 5:1-9의 베데스다 못의 병자 이야기를 최소한 몇 번은 읽어 보았을 것이다. 하지만 장담컨대, 우리 대부분이 미처 주목하지 못한 부분이 있다.

> 그 후에 유대인의 명절이 되어 예수께서 예루살렘에 올라가시니라 예루살렘에 있는 양문 곁에 히브리 말로 베데스다라 하는 못이 있는데 거기 행각 다섯이 있고 그 안에 많은 병자, 맹인, 다리 저는 사람, 혈기 마른 사람들이 누워 [물의 움직임을 기다리니 이는 천사가 가끔 못에 내려와 물을 움직이게 하는데 움직인 후에 먼저 들어가는 자는 어떤 병에 걸렸든지 낫게 됨이러라] 거기 서른여덟 해 된 병자가 있더라 예수께서 그 누운 것을 보시고 병이 벌써 오래된 줄 아시고 이르시되 네가 낫고자 하느냐 병

자가 대답하되 주여 물이 움직일 때에 나를 못에 넣어 주는 사람이 없어 내가 가는 동안에 다른 사람이 먼저 내려가나이다 예수께서 이르시되 일어나 네 자리를 들고 걸어가라 하시니 그 사람이 곧 나아서 자리를 들고 걸어가니라 이 날은 안식일이니(요 5:1-9).

만약 주의 깊게 읽는다면 4절이 빠진 것을 눈치챌 수 있다(저자는 NIV를 기준으로 말하고 있다. 그러나 개역개정은 대괄호를 사용해 해당 내용을 3절 하반절에서 4절 전체에 걸쳐 삽입해 놓고 있다—옮긴이). 1절부터 시작해서 하나씩 헤아려보라. 1절, 2절, 3절…5절?

성경에서 생략된 4절 내용은 이렇다. "이는 천사가 가끔 못에 내려와 물을 움직이게 하는데 움직인 후에 먼저 들어가는 자는 어떤 병에 걸렸든지 낫게 됨이러라."

이 구절이 NIV에서만 생략된 것은 아니다. 다른 영역본인 ESV, NRSV, CEV, NLT, NET에서도 마찬가지다. 만약 NASB 또는 NCV을 본다면 해당 구절을 찾을 수 있겠지만 괄호로 처리되어 있을 것이다. 반면, KJV와 NKJV에는 어떤 표시나 구분도 없이 4절이 모두 포함되어 있다. 이것은 어찌된 영문인가? 과연 누가 요한복음 5:4를 성경에서 빼내 간 것인가?

4절이 생략된 어떤 스터디 바이블을 사용하고 있다면, 아마도 3절 뒤 또는 5절 앞에서 왜 그것이 빠졌는지를 설명하는 해설을 찾을 수 있을 것이다. 이것은 헬라어 신약성경 사본들 사이의 불일치를 보여주는 하나의 전형적인 사례다. 요한복음 5:4일 수 있는 (3절에서 시작하는 생략된 구절) 부분이 요한복음의 가장 이른 시기의 가장 정확한 사본들에서는 발견되지 않는다. 사본을 비교 작업하는 학자들("본문 비평가"[textual critics], "고문서학자"[paleographers])은, 20명이 훨씬 넘는 사본 필사자들이, 이 사본을 필사할 다음 필사자들에게 해당 구절이 원본에는 존재하지 않았을 가능성이 높다는 사실을 경고하기 위해 이 구절에 별도 표시를 했음을 발견했다. 설상가상으로, 요한복음 5:4일 수 있는 부분의 헬라어 마지막 다섯 단어들 가운데 네 단어가 요한 문헌의 다른 본문에서는 발견되지 않고 있다. 이것은 요한복음 5:4이 신약성경에 포함되지 않음을 암시하는 것일 수 있으며, 현대의 여러 성경 번역본에서 왜 해당 구절을 생략했는지에 대한 이유를 설명하는 것이기도 하다.

1900년 이후의 성경 번역가들은 1800년대에 발견된 새로운 필사본들을 사용했는데, 그 때문에 해당 구절이 원본에는 존재하지 않았을 가능성이 높다는 결론으로 이어졌다. 그리고 그것은 1900년 이전 번역본인 KJV에는 괄호 없이 "그냥 그대로" 4절이 포함된 이유를 말해 준다(NKJV은 이와 관련하여 KJV을 따르고 있다). 보다 최근의 성경 번역본들(해당 구절을 생략하거나 괄호 처리한 역본들)은 영감을 받은 결과물로서의 원본이 어떠했을지에 대한 보다 분명한 그림을 제시한다.

그런데 4절이 신약성경 원본에 본래 포함되지 않았을 것으로 간주되는 이유는 무엇인가? 그것은 천사에 관한 이야기 때문이라서가 아니다. 사실 성경은 천사 이야기에 대해 아무런 문제를 삼지 않는다. 천사들은 신약 여러 본문에 이미 등장하고 있고 다양한 일들을 수행한다.[1] 하지만 오늘날에도 그렇듯이 당시에도 천사들에 관한 수많은 민담과 미신들이 만연했다. 천사가 가끔 정해진 시간 동안 물을 움직이게 한다는 발상 또한 그러한 미신 가운데 하나였다. 요한복음 5:7은 물이 움직이는 현상을 언급하지만 천사에 대해서는 언급하지 않는다. 요한은 베데스다 못에 관한 이야기와 사람들의 생각에 대해 알고 있었지만 특정한 이유로 그것을 무시했던 것으로 보인다. 아마도 그는 천사가 물을 움직였다고 인정하는 것은 원하지 않았을 것이다. 천사에 관한 대중들의 사고를 배제시킴으로써 요한은 자신의 독자들로 하여금 실제로 임재하시는 치료자, 예수 그리스도에게 초점을 맞추게 하고 있다.

이러한 "생략된 구절에 관한 사례"를 통해 우리가 얻을 수 있는 몇 가지 교훈이 있다. 첫째, 성경을 보다 촘촘하게 읽고 면밀하게 살펴보는 훈련이 필요하다는 것이다. 요한복음 5장의 본문 구절 순서 및 특정 구절 누락 사실조차 우리가 별일 아닌 듯 넘어가고 만다면, 우리가 미처 보지 못하고 건너 뛰어버리는 또 다른 것들이 있지는 않을까? 둘째, 성경의 여러 번역본들을 비교하는 것은 상당히 가치 있는 일이라는 것이다. 헬라어와 히브리어를 읽는 성서학자들도 적극적으로 다양한 사본들을 비교한다. 다른 필사자(또는 성경 번역가)들의 작업은 종종 우리로 하여금 무언가 중요한 요소들에 주목할 수 있게 한다. 셋째, 우리의 설

1 이 주제와 관련한 추가적인 내용은 "나의 수호천사"(149쪽)를 보라.

교와 가르침의 내용이 성경 본문을 통해 견고하게 뒷받침되도록 해야 한다는 것이다. 하나님은 여러 사람들을 감화하여 성경 본문을 후대에 전수하는 일에 일평생 헌신할 수 있게 하셨다. 그 결과물을 손에 든 우리가 해야 할 최소한의 일은 본문을 주의해서 촘촘하게 살피며 읽는 것이다.

물 위를 걸으신 사건의 진정한 의미

○
○
○
●

배를 당장이라도 박살낼 것 같은 폭풍우 이야기는 사람들에게 바나에 대한 경외심을 불러일으킨다. 이야기 속 폭풍우가 현실이 된 경우는 성경에도 기록되어 있다. 제자들은 배를 타고 가버나움으로 향하고 있었다. 날은 저물고 예수님은 함께 계시지 않는데 갑자기 큰 바람이 불어 파도가 일기 시작했다. 풍랑에 맞서며 노를 저어 가던 제자들은 눈으로 보고도 믿을 수 없는 광경을 마주한다. "제자들이…예수께서 바다 위로 걸어 배에 가까이 오심을 보고 두려워하거늘"(요 6:19).

사복음서 중 복음서 세 곳에 기록된 이 사건은 주일학교 공과에도 자주 실렸고, 예수님의 생애 하면 당연히 떠오르는 장면이다. 이 사건은 우리에게 잊을 수 없는 장면으로만 꼽히지만, 유대인 독자라면 당연히 거기서 매우 특별한 신학적 의미를 발견했을 것이다.

구약에서의 상징

구약성경 속 예측 불가능한 바다는 하나님이 창조하신 질서 정연한 세계와 대비되는 우주적 혼돈과 무질서에 대한 일반적인 상징이었다. 우주적 혼돈에 대한 이러한 상징은 리워야단 또는 라합으로 알려진 바다 괴물로 의인화되기도 했다. 혼돈을 맹렬히 휘몰아치는 바다 속 길들여지지 않은 괴물로 형상화하는 것은 고대 세계 전역에서 보편적으로 나타난 현상이었다. 육지에 익숙했던 사람들이 끝없이 펼쳐진 맹렬한 바다를 보면서, 통제 불가능하고 미지의 두려운 생명체로 가득하며 언제든 생명을 앗아갈 곳으로 여긴 것은 당연하다.

고대 지중해 연안의 많은 종교에선 종종 자신들의 중요한 신적 존재들이 바다의 용을 무찌르거나 제압함으로써 바다를 잠잠케 하고 질서를 회복하는 것을 묘사하곤 했다. 구약에서는 야훼, 이스라엘의 하나님이 이러한 혼돈의 세력을 정복하고 우주에 질서를 부여하시는 참 하나님으로 묘사된다(욥 26:12-13; 시 89:5-14). 하나님의 이러한 이미지는 이스라엘 백성의 출애굽에도 적용된다(시 74:12-17). 당시 하나님은 자기 백성을 구원하기 위해 바다를 가르셨고, 그렇게 함으로 백성들을 뒤쫓던 악의 세력을 물리치셨다.

최후 승리

마지막 때에 있을 야훼의 궁극적인 승리 또한 하나님이 바다의 세력을 정복하시는 모습으로 묘사된다. "그 날에 여호와께서 그의 견고하고 크고 강한 칼로 날랜 뱀 리워야단 곧 꼬불꼬불한 뱀 리워야단을 벌하시며 바다에 있는 용을 죽이시리라"(사 27:1). 이것은 새 하늘과 새 땅의 최종적인 낙원에 대한 묘사 속에, "바다도 다시 있지 않더라"는 표현이 포함되는 이유이기도 하다(계 21:1).

마지막 때와 하나님 나라에 대한 다니엘의 환상에도 큰 짐승 넷이 폭풍우 치는 큰 바다에서 나오는 장면이 있다(단 7:1-8). 그런데 짐승들은 수생 동물이 아니다. 그것들은 혼돈을 대표하는 존재이기 때문에 바다에서 나온다. 하나님의 천상 법정에서는 그 짐승들에 대한 심판이 단행되고(단 7:9-12), 그 후 "인자" 같은 이가 하나님의 나라를 받기 위해 등장한다(단 7:13-14). 예수님이 폭풍우 치는 바다 위를 걸으셨다는 요한의 기사 속에는 이러한 모든 심상들이 들어 있었다.

예수 그리스도, 바다를 다스리시는 주님

요한은 예수님을 아버지께서 심판의 권한을 부여해 주신 인자로 규명한다(요 5:27; 비교, 마 26:57-68). 또한 요한은 예수님이 성육신하신 하나님이심을 반복해서 주장한다. 요한복음에서, 예수님은 자신을 지칭하실 때 신적인 이름("I AM")을 일곱 차례나 언급하신다(예, 요 6:35; 15:1). 예수님은 하나님 아버지와 하나이심을 선포하시고(요 10:30), 그분 안에 아버지가 계시며 또한 아버지 안에 그분이 계심을 말씀하신다(요 10:37-38).

구약에 익숙한 유대인 요한에게, 바다 위를 걸으시는 예수님의 모습은 예수님이 곧 야훼—혼돈의 세력을 제압하고 바다와 그것이 상징하는 모든 것에 자신의 뜻을 실행하시는 분—이심을 보여주는 극적인 초상이었다. 마침내 인자의 시대와 그의 나라는 시작되었고, 하나님이 정하신 질서에 대적하는 모든 세력은 패망할 것이다. 격동하는 바다 위를 밟고 걸어가신 그분은 우리를 위협하고 삼키려 드는 모든 것을 잠재우실 수 있는 우리의 주님이시다. 이런 사실 때문에, 우리는 삶의 거센 풍랑 속에서도 위로와 평안을 얻을 수 있다.

여기서 잠깐!

예수님이 물 위를 걸으시는 세 개의 복음서 기사는 요한복음 6:16-21, 마태복음 14:22-33 그리고 마가복음 6:45-52에서 발견된다. 세 복음서 모두 유대인 저자들에 의해 기록되었다. 반면에 누가는 그 내용을 포함시키지 않았다. 그 이유는 누가 자신이 이방인이었을 뿐 아니라, 그 수신자인 데오빌로 또한 이방인이었기 때문일 것이다(눅 1:1-4).

다시 태어나다…그리고 다시 또 다시?

○

○

○

●

예수님은 환생(reincarnation) 개념에 관대하셨는가? 실문 사체가 이상하긴 하지만, 실제론 많은 사람들, 심지어 성서학자들도, 해당 질문에 긍정적으로 답할 수 있다고 주장한다.[1] 이러한 발상은 우리에게 매우 친숙한 본문을 근거로 하고 있다.

> 예수께서 길을 가실 때에 날 때부터 맹인 된 사람을 보신지라 제자들이 물어 이르되 랍비여 이 사람이 맹인으로 난 것이 누구의 죄로 인함이니이까 자기니이까 그의 부모니이까 예수께서 대답하시되 이 사람이나 그 부

1 예수님이 환생을 받아들이셨다는 견해는 대개 Elizabeth Clare Prophet 그리고 Dolores Cannon 같은 뉴에이지 저자들과 관련된다. 최근에는 헬라어 신약성서 학자인 J. D. M. Derrett가 어느 학술지에서 그러한 관점을 피력하기도 했다. "The True Meaning of Jn 9, 3-4" (*Filologia Neotestamentaria* xvi 2003), 103-06.

모의 죄로 인한 것이 아니라 그에게서 하나님이 하시는 일을 나타내고자 하심이라 때가 아직 낮이매 나를 보내신 이의 일을 우리가 하여야 하리라 밤이 오리니 그때는 아무도 일할 수 없느니라(요 9:1-4).

제자들의 질문에 주목해 보라. "랍비여 이 사람이 맹인으로 난 것이 누구의 죄로 인함이니이까 '자기니이까' 그의 부모니이까?" 많은 사람들은 이 질문이 제자들의 다음과 같은 생각을 반영하는 것이라고 추정한다. 제자들은 날 때부터 맹인이 된 이 사람은 그가 태어나기도 '전에' 실제로 죄를 지었을 수 있고, 따라서 그의 출생 이전의 죄가 그의 선천적 시각장애의 원인이 되었을 수 있다고 믿었다. 이러한 추측을 뒷받침하는 듯한 또 다른 근거가 이어진다. 그 질문에 대한 예수님의 답변은 단호한 부정이 아니었다는 것이다. 예수님은, "무슨 말도 안 되는 생각을 하는가, 어리석게 굴지 말거라!"는 식으로 제자들을 꾸짖지 않으셨다. '이번 경우에는' 날 때부터 맹인이 된 그 사람이 출생 이전의 삶에서 죄를 범한 것은 아니지만, 아마도 다른 사례에서는 그런 일이 있어날 수 있다는 것이 예수님 답변의 의미라고 어떤 이들은 주장한다. 이러한 해석은 과연 정당한 것인가?

환생은 영혼이 한 육체에서 다른 육체로 오랫동안(어쩌면 무한히) 계속해서 옮겨간다는 개념이다. 그러나 "영혼의 이주"(migration of the soul)란 개념은 성경에서든, 또는 고대의 유대 문헌에서든 전혀 찾아볼 수가 없다.[2] 그렇다면 제자들이 뭔가 다른 것을 염두에 두었을 가능성이 있다. 말하자면 사람이 아직 모태 중에 있을 때에 선과 악을 행할 수 있다는 것이다. 그러나 바울은 로마서 9:9-13에서 야곱과 에서의 사례를 다루면서 이러한 생각이 오해임을 밝히고 있다. 만약 '혹시라도' 출생 이전의 태아가 모태에서 죄를 지을 수 있다 하더라도, 그것은 영혼의 이주와는 관련 없는 일이다.

> 약속의 말씀은 이것이니 명년 이 때에 내가 이르리니 사라에게 아들이 있으리라 하심이라 그뿐 아니라 또한 리브가가 우리 조상 이삭 한 사람으로 말미암아 임신하였는데 그 자식들이 아직 나지도 아니하고 무슨 선이나 악을 행하지 아니한 때에 택하심을 따라 되는 하나님의 뜻이 행위로 말미암지 않고 오직 부르시는 이로 말미암아 서게 하려 하사 리브가에게 이르시되 큰 자가 어린 자를 섬기리라 하셨나니 기록된 바 내가 야곱은 사랑하고 에서는 미워하였다 하심과 같으니라(롬 9:9-13).

어떤 사람들이 예수님을 세례 요한, 엘리야, 또는 구약의 선지자 중 하나라고 여긴다는 마태복음 16:13의 내용 또한 요한복음 9:3-4에서 환생을 보고자 하는 사람들에게 아무 도움이 되지 않는다. 예수님과 세례 요한은 6개월 차이로 태어난 동시대 사람이다(눅 1:8-36). 따라

2 참고. "Did Jesus Allow for Reincarnation? Assessing the Syntax of John 9:3-4," at http://michaelsheiser.com/John9.pdf.

서 세례 요한의 영혼이 "영혼의 이주"란 개념으로 예수님의 육체로 옮겨갈 수는 없었다. 엘리야는 죽음을 겪지 않은 인물이며(왕하 2:1-17), 따라서 그 영혼의 이주 또한 불가능했을 것이다. 만약 예수님이 죽었다가 다시 살아난 선지자들 가운데 하나라면, 그 선지자가 부활한 것이지 그 영혼이 다른 육체로 옮겨간 게 아닐 것이다. 요한복음 9장을 환생의 관점에서 해석하려는 시도에는, 보다 전문적으로 다루어야 하는, 다른 결함도 있다. 그러나 이 정도 만으로도, 사람이 다른 물리적인 몸으로 옮겨가 다시 태어난다는 개념을 예수님이 인정하셨다는 주장은 전혀 설득력이 없다. 그런 주장이야말로 다시금 '반복하여 계속적으로'(again…again) 폐기될 것이다.

덤블도어, 빌립과 베드로를 만나다

○

○

○

●

사도행전은 설교자들이 선호하는 흥미로운 본문으로 가득하다. 우리는 사도행전 8:9-24의 사도 베드로와 마술사 시몬 사이의 긴장되는 결전 장면에도 친숙하다.[1] 사도행전을 기록한 누가는 시몬이 사마리아의 성읍에서 자신의 마술을 행했고, 거기서 그는 "하나님의 큰[위대한] 권능"(개역개정, '크다 일컫는 하나님의 능력')이란 칭송을 받았다고 전한다. 그랬던 시몬이 빌립을 통해 복음을 듣고 믿게 된다. 그러나 사도 베드로가 도착한 후에, 시몬은 베드로에게서 성령의 권능을 돈을 주고 사려고 한다. 결과적으로 그의 이름(Simon)은 어떤 위대한 업적의 이름이 아니라, 오직 "성직 매매"라는 불명예스러운 이름(simony)으로 기억되고 말

1 시몬의 이름은 종종 "시몬 마구스"(Simon Magus)로 소개되기도 한다. "마구스"(magus)란 용어는 그가 점성술의 전문가였음을 말하고 있다(비교. 마태복음 2장의 동방 박사[magi]).

았다. 하지만 이것이 그 이야기의 전부인 것일까? 결코 그렇지 않다. 이제 그 마술 이면에 뭐가 있었는지 놓치지 않도록, 다른 곳으로 시선을 돌리지 말고 더 집중해 보자.

먼저 1세기 독자들은 사마리아를 배경으로 일어난 이 같은 에피소드를 어떻게 이해했을지 생각해 보자. 사마리아 성읍 사람들이 시몬을 "하나님의 큰 권능"(God's Great Power)으로 칭했다는 사실은 의미심장하다. 그런 표현(호칭)은 사마리아 타르굼(Targum)—사마리아 오경(Samaritan Pentateuch)으로 알려진 사마리아 히브리어 성경의 아람어 번역—에서 나온 것이다.[2] 사마리아 타르굼에서, 히브리어 단어 '엘'(אל, "하나님"[God])은 '헬라'(חילא, "권능"[power])로 번역되었다. 그렇게 하나님은 "크다/위대하다"(great, רב, '라브')라고 불렸다. 따라서 신성한 이름에 대한 하나의 대용으로, "위대한 권능"(the Great Power)이란 칭호가 사마리아 찬송과 문헌들에 사용된 것은 전혀 놀라운 일이 아니다. 정통 유대인들이 야훼라는 신성한 이름을 발음하는 것 대신에, '하-쉠'(השם, "그 이름"[the Name])이라고 표현했던 것과 거의 같은 방식이라고 볼 수 있다.

그러나 사마리아인들은 어떻게 해서 마치 시몬이 하나님인 것처럼 칭할 수 있었을까? 아마도 시몬이 경이롭고 신비한 일들을 행할 수 있

2 사마리아 오경은, 사마리아인들이 프로테스탄트 구약성경 가운데 정경으로 여기는 유일한 부분인, 히브리 성경의 첫 다섯 권에 대한 사마리아 판본을 가리킨다. 사마리아 오경의 파편들이 사해 두루마리 사본들 가운데서 발견되었다. 참고. http://biblestudymagazine.com/interactive/canon/.

었기 때문일 것이다. 우리는 시몬이 행했던 일들이 어떤 속임수 마술을 동원한 결과인지 아니면 귀신의 힘을 빌린 결과인지는 알 수 없다. 하지만 나타난 결과는 어쨌든 똑같다. 둘째, 게다가 사마리아인들은 천사들을 지칭할 때 "권능"의 복수형('헬린')을 사용했다. 많은 유대인들과 기독교인들처럼, 사마리아인들은 한 특정한 천사—야훼의 이름이 그 안에 거하던 사자—를 육체로 나타나신(embodied) 야훼로 간주했다(출 23:20-23). 그 천사는 참 되신 하나님—"위대한 권능"—에 대한 물리적인 현현으로 여겨졌기 때문에, 시몬이 행했던 마술적 능력은 사마리아인들로 하여금 그 역시 하나님의 또 다른 육체적 현현일 것이란 생각을 하게 했을 것이다.

하나님이 예수 그리스도 안에서 성육신하신 사실을 제대로 알았던 누가는 사도행전을 기록하면서 자신의 이러한 배경 지식을 활용하고 싶었을 것이다. 상황이 어떤 식으로 전개될지 어렵지 않게 알 수 있다. 빌립은 하나님이 예수 그리스도 안에서 사람으로 오셨다는 메시지를 사마리아에 전했다. 그런데 사마리아는 이미 그들 나름의 신의 현현, "하나님의 큰 권능"으로 불리던, 마술사 시몬이 활동하던 곳이다. 놀랍게도 누가는 복음의 능력이 그러한 시몬을 사로잡았고, 빌립이 전한 메시지를 그가 믿게 되었다고 보고한다. 시몬이 빌립이 행하는 표적과 큰 능력을 목격했을 때, 그동안 사마리아의 "큰 권능"이라 불리던 자는 넋이 나갔다. 그의 호그와트도 문을 닫아야 했다!

누가의 기사에서 볼 때, 시몬은 자신의 속임수 또는 마법 레퍼토리가, 그것이 여태까지 사마리아인들에게 얼마나 잘 먹혔는지 관계없이, 자신이 눈앞에서 목격한 빌립이 행한 기적들에 비하면 보잘 것 없다는 사실을 재빨리 깨달았던 것이 분명하다. 시몬의 회심은 진정성 있게 보인다. 그래서 누가의 신중한 기록에 따르면, 시몬은 자신이 믿고 세례를 받은 후에야 빌립을 따라다니면서 그가 행한 표적과 큰 권능을 보았다고 한다(행 8:13). 하지만 아직 그가 한번도 목격하지 못한 것이 있었다.

누가의 기록에 따르면, 예루살렘의 사도들은 복음이 사마리아, 즉 "순혈" 유대인들에게 오랫동안 멸시를 당하던 사람들(요 4:9)에게까지 전해졌다는 소식을 듣고 베드로와 요한을 보낸다. 그들은 사건의 진위를 조사하기 위해서가 아니라, 오순절의 복음 확장 사건 이후로 자신들과 줄곧 함께하신 성령(행 2장)이 사마리아 신자들에게도 동일하게 임하시도록 '기도해 주기 위해' 베드로와 요한을 보낸다(행 8:14-17). 이것만으로도 본문은 강력한 메시지를 전하고 있다. 즉, 사마리아 사람들에 대한 편견을 가지고 성장한 이 두 유대인은 하나님의 은혜가 자신들의 경멸 대상이던 사람들에게까지 미쳤다는 소식에 전혀 의구심을 갖지 않았다는 것이다. 예수님이 약속하신 것 가운데 사마리아인들에게 예외가 될 만한 것은 하나도 없었다.

하지만 안타깝게도, 시몬은 진정한 "큰 권능"에 대해 배워야 할 것이 많았다. 시몬은 베드로와 요한이 사마리아인들에게 안수하고 그들이 성령을 받는 것을 보았다. (분명 사마리아인들은 눈에 보이도록 명백하고도 강력한 방식으로 성령을 경험했을 것이다). 시몬 스스로도 그러한 권능을 직접 경험해 보고 싶을 만큼 말이다. 충분히 이해가 간다. 그러나 시몬의 잘못은 그것을 돈을 주고 사려 했다는 점에 있다(행 8:18-19). 시몬은 베드로의 신랄한 꾸짖음을 받고 즉시 회개한다(행 8:20-24).

그럼에도 불구하고 시몬의 이름은 성직 매매(simony)라는 불명예스러운 의미로 후대에 남고 말았다. 시몬이 회심하고 신자가 된 지 얼마 되지 않은 시점에 이 사건이 일어났다는 점을 감안하더라도, 그가 즉각적으로 회개했다는 사실에 비춰보면, 그의 이름이 영구적으로 비난을 받는 것은 그로서는 다소 억울한 측면이 있다. 마술사 시몬의 입장에서 보면, 그는 며칠 전까지 신적인 현현 같은 존재로 추앙을 받다가, 어느 날 갑자기 어부들의 꾸짖음에 회개하고 마는 처지가 되었다. 그런 점에서 우리는 그의 잘못된 시도보다는 그가 경험했을 상심에 대해서도 생각해 볼 필요가 있다.

바울의 잃어버린 편지들

○

○

○

●

영화로도 제작되어 세간의 주목을 끌었던 댄 브라운의 베스트셀러 『다빈치 코드』(*The Da Vinci Code*)에 대해 들어보았을 것이다. 소설에는 작가가 품고 있는 기독교를 향한 음모론적인 시각이 플롯 전반에 깔려 있다. 부분적으로는 현재 성경에 실린 복음서 외에도 다른 복음서들이 존재했으며, 악의적인 교회 권력층과 공공연하게 편향된 황제에 의해 그 복음서들이 의도적으로 배제되었다는 사고가 배어 있다. 작가의 음모론적인 시각은 효과가 있었고, 이 소설의 대중적인 인기에 영향을 받은 많은 교인들이 신약성경에 포함되어야 하는 모든 거룩한 책들이 실제로 다 포함되었는지 여부에 대한 의구심을 갖게 되었다.

장르 자체가 소설이었고 작가적 재능이 탁월했던 댄 브라운은 자신의 책에서 자신이 원하는 만큼 충분히 진실을 주물러댔다. 그런데 팩트만 놓고 본다면 어떨까? 댄 브라운이 완벽한 허구만을 전하는 게 아니라면? 놀랍게도 지금 우리가 갖고 있는 성경에는 사도들이 기록했음에도 실리지 못한 것들이 있다. 이제 살펴보기로 하자.

고린도전서 5:9

고린도전서에서 바울은 자신이 고린도 교회에 보냈던 '이전 편지'(earlier letter)에 대해 언급한다. "내가 너희에게 쓴 편지에 음행하는 자들을 사귀지 말라 하였거니와"(고전 5:9). 여기서 일부 해석가들은 바울이 지금 쓰고 있는 이 편지(고린도전서)를 가리키는 것이라고 주장하지만, 대부분은 그러한 주장이 설득력이 약하다는 사실을 인정한다. 있는 그대로 보자면, 고린도전서 5:9은 바울이 이 교회를 수신자로 하여 전에도 편지를 써 보낸 적이 있음을 언급하고 있다. 그러나 그 편지는 보존되지 않았고, 결국 신약성경의 일부분으로 남지 못했다.

골로새서 4:16

골로새 교회에 보내는 편지에서 바울은 이렇게 말한다. "이 편지를 너희에게서 읽은 후에 라오디게아인의 교회에서도 읽게 하고 또 '라오디게아 편지'(개역개정, '라오디게아로부터 오는 편지')를 너희도 읽으라"(골 4:16). '라오디게아 편지'가 있었다고? 그 편지는 지금 어디 있는가?

"라오디게아 편지"(letter from Laodicea)라는 영역본의 표현은 헬라어에 대한 일종의 문자적 번역이고, 그것은 라오디게아'로부터' 온 편지(letter came *from* Laodicea)를 암시한다. 그러나 이 또한 오해의 소지가 있다. 그 표현은 이 편지가 반드시 라오디게아의 누군가에 의해 바울이나 골로새 교인들을 대상으로 하여 기록된 것이라는 의미는 아니다. 골로새서 4:16은 특정 교회들에 보내진 바울의 편지들이 여러 곳에서 회람되었음을 알려준다. 그렇다면 (바울이 골로새 교회에 보낸 편지[골로새서]가 라오디게아의 신자들에게 보내진 것처럼) 라오디게아 편지 또한 바울이 작성했으며 골로새 교인들도 읽을 수 있도록 보내졌을 것이다.

일부 학자들은 해당 편지가 실제로 분실된 것이 아닐 수 있다고 추측한다. 라오디게아는 지리상 에베소라는 도시와 겹치는 지역이다. 이는 라오디게아 편지가 어쩌면 에베소 교회에 보낸 편지(에베소서)일 가능성을 제기하는 부분이다. 그러나 다른 학자들은 동의하지 않는다. 사도행전의 연대기에 근거하면, 에베소서가 기록되기 이전에 이미 골로새서가 기록되었을 것이라는 주장이 타당성을 얻는다. 만약 그것이 맞는다면, 라오디게아 편지는 신약성경에 포함되어 있는 에베소서와 동일한 편지일 수가 없다. 골로새서 4:16의 언급은 당시에 이미 실재한다고 여겨지는 어떤 편지를 직접적으로 가리키고 있기 때문이다. 따라서 라오디게아 편지가 에베소서가 아니라고 한다면, 신약성경의 일부분으로 남지 못하게 된 또 하나의 바울 서신이 존재한다는 것이다.

그래서 우려해야 하는가?

이처럼 유실된 사도들의 편지가 존재한다는 사실로 인해 우리가 우려해야 하는가? 우리는 신약성경의 수집과 그 형성 과정에서 어떤 식으로든 오류나 과오가 있었다는 결론으로 내달려야 하는 것인가? 그런 우려가 전혀 없다고는 말 못하겠다. 그러나 성경의 정경화 과정에서 마치 역사적 상황이 하나님의 뜻을 거슬러갈 수밖에 없었다는 식으로 문제를 제기할 수는 없다. 진짜 문제는 '영감'(inspiration)에 대한 우리의 왜곡된 관점이다. 하나님이 성경 저자들의 기록 행위에 국한해 그 특별한 순간에만 영감을 부으셨다는 식으로 생각해선 안 된다. 영감을 저자들의 저술이라는 한정된 순간에 국한시킬 경우, 그것은 마치 저자들이 초자연적 받아쓰기를 했다는 정도로 해석할 위험이 크다. 그렇게 단정지으면, 사도들 및 그 측근들이 기록한 모든 '신령한' 글들은 반드시 보전되어야 하는 것으로 여기게 될 것이다. 그리고 그러한 문헌들이 유실되었다면, 정말 잘못인 것처럼 간주될 수 있고, 하나님의 거룩한 계획이 사람들의 어리석은 많은 실수로 인해 좌초된 것처럼 보이게 될 것이다.

우리는 성경과 관련한 영감을 일시적이고 신비로운 감화로 보기보다는, 평범한 인간에 불과했던 사도들이 하나님의 섭리 가운데 하나님을 섬기며 살았다는 것으로 이해할 필요가 있다. 신약성경을 당대의 다른 문헌들과 비교해 보면 사도들이 당시 일상적이던 어휘, 문체, 그리고 표현 양식을 사용했음을 알 수 있다.

성경 저자들은 그들의 생각, 말, 글이 모두 안전하게 보전되어야 하는 것을 의미하는 어떤 일종의 거룩한 마력에 사로잡혔던 것이 아니다. 오히려 하나님은 그들이 살아가는 환경을 주관하시면서 하나님이 보시기에 후대에 필요한 내용을 그들이 기록할 수 있도록 영향을 미치셨다. 이러한 관점은 우리의 시선과 초점을 인간 저자들에게서 벗어나 궁극의 저자이신 하나님과 그분의 섭리에 따른 인도하심으로 옮겨가게 한다. 우리는 성경의 참 저자이신 하나님께, 그리고 인간 저자들에게도 빚을 졌다.

바울의 종착지

○

○

○

●

로마서를 쓸 당시 구금 상태였던 바울은 자신이, "언제든지 서바나[스페인]로 갈 때에 너희에게 가기를 바라고 있[다]"(롬 15:23-24)고 말한다. 이런 열망은 몇 구절 뒤에서 재차 드러난다. "그러므로 내가 이 일을 마치고 이 열매를 그들에게 확증한 후에 너희에게 들렀다가 서바나[스페인]로 가리라"(롬 15:28). 구금 중인 사람이 여행 계획을 세운다는 것 자체가 분명 과한 열망일 수 있다. 하지만 바울은 단순 여행이나 휴가 계획을 말하는 게 아니었다. 바울은 자신이 스페인에 당도하기 전까지는 그의 삶과 사역이 멈추지 않을 것이라 믿고 있었다. 우리는 바울이 실제로 계획에 성공했는지 확신할 수는 없다. 그러나 바울은 그곳에 갈 수 있길 간절히 염원했다. 왜일까? 바울은 이사야 66장의 예언 속에 자신의 사명이 기술되어 있다고 생각했다.

구원의 날

바울은 자신의 편지 곳곳에서, 오래전 약속된 구원의 날이 자신의 생전에 임하게 될 것임을 말하기 위해 이사야서를 비롯한 구약의 여러 본문을 인용했다. 구약에 따르면, 유대인들이 예수님을 메시아로 믿게 되기 전에 바울이 "이방인의 충만한 수"(fullness of the Gentiles)라고 언급한 어떤 일이 선행되어야 한다(롬 11:25).

로마서 9-11장에서, 바울은 유대인들의 마음이 한동안 강팍하게(개역개정, '우둔하게') 되었기 때문에 이방인(비유대인)들이 하나님의 백성 안으로 들어올 수 있었다고 말한다(11:25-26). 자신이 이방인 선교 사명을 완수하면 유대인들의 그 강팍한 마음이 누그러질 것이다. 그러면 유대인들이 예수님을 믿게 되길 바라는 바울의 열망도 비로소 완전한 결실을 맺고, 그제서야 마침내 구원자 예수 그리스도가 시온에서 다시 오실 것이다(롬 11:26).

이사야 66:18-20은 야훼가 뭇 나라와 언어가 다른 민족들을 모아서 그분의 영광을 보게 하실 것이라고 예언한다. 야훼는 자신이 약속하신 구원의 "징조"(sign)를 베푸실 것이며, 그 징조를 유대인 유배자들로 하여금 먼 나라들 특히 다시스, 뿔, (활을 당기는) 룻, 두발, 야완 땅으로 전하게 하실 것이다. 이방인들이 회심하고 나면 그 나라들에서 온 유대인들도 야훼께로 돌아오게 될 것이다.

바울은 이사야 66장을 그리스도라는 관점으로 해석했다. 그 "징조"(sign, אות, '오트')는 동정녀에게서 탄생하신 예수님이셨다(비교, 사 7:14—"그러므로 주께서 친히 징조를 너희에게 주실 것이라").[1] 이방 나라들로 유배됐던 유대인 자손들이 오순절 날에 그들이 거주하던 곳으로부터 예루살렘으로 모여들었다. 그들은 제자들에게 임하는 성령을 목격했고, 복음이 기적적으로 자신들의 언어로 선포되는 것을 직접 들었으며, 복음을 받아들였다(행 2장). 자신들이 살던 나라로—지중해 연안 곳곳에 흩어져 있는 민족들로— 돌아간 후에 그들은 그곳의 이방인들에게 복음을 전하기 시작했다.

우리가 사도행전 2장을 더 주의 깊게 읽으면, 열거된 민족들의 지명들이 유대인들이 처음 유배되었던 지역을 시작으로 동쪽에서 서쪽으로 이동하는 것을 볼 수 있다. 바울의 선교 활동은 여기서 열거된 민족들의 지리적 중간 지점에서 시작했다가 점차 서쪽으로 이동하게 된다.[2]

---

1 사 11:10-12는 이것을 메시아 왕에 관한 것으로 말한다. "그 날에 이새의 뿌리에서 한 싹이 나서 만민의 기치[ensign]로 설 것이요." 히브리어로 "기치"(ensign)는 '네스'(נֵס)인데, 그것은 구약의 고대 아람어 의역—타르굼—에서 메시아 예언적인 의미로 "징조"(sign, אות, '오트')라고 번역되고 있다.

2 비록 행 2장과 사 66장은 동일한 나라들을 지칭하고 있지만, 이사야는 더 광범위한 지리적 표현을 차용하고 있다. 또한 이사야는 바벨론과 메대-바사(Media-Persia)에서의 유대인 유배를 상정하고 있다.

세상의 끝

바울이 살던 시대에는 스페인(서바나)—이사야 66:19의 목록에 열거된 고대의 다시스 지역—을 세상의 끝으로 여겼다. 바울이 로마서를 기록할 당시, 그를 비롯한 제자들은 이사야 66장에 언급된 모든 지역에 이미 복음을 다 전했고, 다시스 한 곳만 아직 예외로 남은 상태였다.

바울은 자신의 사명, 곧 "이방인의 충만한 수"를 채우는 것과 유대인 동족의 구원을 이루는 것은 그가 스페인에 당도하면 완성될 것으로 믿었다. 바울과 바나바가 안디옥에서 유대인들에게 거부당했을 때, 바울의 초점은 분명했다. "바울과 바나바가 담대히 말하여 이르되 하나님의 말씀을 마땅히 먼저 너희에게 전할 것이로되 너희가 그것을 버리고 영생을 얻기에 합당하지 않은 자로 자처하기로 우리가 이방인에게로 향하노라 주께서 이같이 우리에게 명하시되 '내가 너를 이방의 빛으로 삼아 너로 땅 끝까지 구원하게 하리라' 하셨느니라 하니"(행 13:46-47). 바울에게 스페인을 향한 여정은 복음의 성취와 연결되는 문제였다. 그에게 다른 선택지는 없었다. 우리가 구약의 본문들을 읽지 않으면 이러한 사실을 찾아내기가 어려울 것이다.

여성 사도

○

○

○

●

로마의 교회를 향한 바울의 마지막 인사는 매우 의례적인 것으로 보인다. 그래서 어쩌면 여기서 언급되는 이름들을 별생각 없이 스쳐 지나갈 수도 있다. 그러나 그 명단 가운데는 뜨거운 논쟁과 논란의 중심이 되는 한 사람이 있다.

> 내 친척이요 나와 함께 갇혔던 안드로니고와 유니아에게 문안하라 그들은 '사도들 가운데'[개역개정, '사도들에게'] 존중히 여겨지고 또한 나보다 먼저 그리스도 안에 있는 자라(롬 16:7).

유니아(Junia)는 아마도 여성의 이름일 가능성이 높다. 그러므로 "사도들 가운데"(among the apostles)란 표현에 주의를 기울일 때, 우리는 의

례적인 인사말 하나가 뜨거운 논쟁의 중요 증거 본문이 될 수 있음을 보게 된다. 그것은 목회 사역에서 여성이 감당할 수 있는 역할에 관한 논쟁이다.

유니아가 여성이라는 증거는 너무나 강력해서 반박하기 어렵다. 단순히 유니아에 해당하는 헬라어 철자(*Iounian*)만 놓고 보면 그 사람은 남자일 수도 있고 여자일 수도 있다. 어느 쪽으로든 해석될 수 있다. 그러나 거기에 악센트 부호(accent mark)가 첨가되었다는 사실 때문에—어떤 부호를 표기하는지(헬라어에는 여러 부호가 있다) 그리고 그 악센트 부호가 어느 음절(syllable)에 위치하는지에 따라—우리는 그 사람의 성별을 특정할 수가 있다.

신약의 가장 오래된 사본들은 악센트 부호가 없는 헬라어의 대문자(언셜체)로만 기록되었다. 그러나 초서(소문자체)로 기록된 후대의 헬라어 신약 사본들은 해당 이름에 악센트를 붙여 여성형으로 표시하고 있다.

신약성경 외의 고대 헬라 문헌에서, 유니아란 이름의 남성형은 단 한 차례만 등장한다. 학자들은 유니아(Junia)란 이름이 유니아누스(Junianus)란 남자 이름의 축약형일 수 있다는 추론을 근거로 고대 라틴어 사본들에 대한 조사를 벌였다. 하지만 그런 축약형일 가능성이 있는 유니아란 이름에 대한 250회 또는 그 이상의 언급들은 모두 여자들을 지칭하는 것이었다.

한편, "사도들 가운데"(among the apostles)란 표현은 "사도들에게"(to the apostles)로도 번역될 수 있으며, 그럴 경우 유니아는 사도에 포함될 수도 있고, 그렇지 않을 수도 있다. 헬라어 문법의 범위 내에서는 두 가지 번역 모두 가능하다. 그러나 겉으로 드러난 표본들은 통계적으로 첫 번째 안을 더 지지하고 있다.

하지만 이 논쟁과 관련해 드물게 제기되는 또 다른 쟁점들이 있다. 예를 들면, 신약의 사도들이 모두 대등한 위치의 역할로 묘사되지는 않는다는 것이다. 바울과 더불어 예수님의 첫 열두 제자들은 특별한 무리로 분류되었다. 그들은 그리스도를 직접 대면한 제자들이다. 하나님은 그 사도들 가운데 일부에게는 초자연적인 신령한 은사들을 부여하시고(행 5:12), 신약성경으로 최종 귀결된 신적인 계시를 나타내시기도 했다.

모든 사도들이 그런 은사들을 받은 것은 아니나. 바울과 열두 제자들을 제외하고 본다면, "사도"(apostle)라는 용어 자체가 실제로 높은 권한을 가진 어떤 지위 또는 그런 역할에 대한 기대를 의미하는 것인지는 불분명하다. 헬라어 '아포스톨로스'는 단순히 "전령"(사자, messenger) 또는 "보냄을 받은 자"(sent one)—오늘날 선교사란 개념과 유사한, 특정 임무를 위해 보냄을 받은 자—를 의미한다. 비록 사도 바나바는 설교하고 가르치기도 했지만(행 15:35), 에바브로디도(Epaphroditus)는 그런 방식으로 묘사되지 않는다. 또한 "사도들"은 교회를 대표하기 위해 보내진 사람들이기도 했지만 어떤 자격에서였는지는 우리에게 알려지지 않는다(고후 8:23). 바울은 지역 교회의 리더십을 위해 별도로 사도들을 임명하지 않았다. 그런 결과의 하나로, 현대 교회의 목회 리더십과 "사도직"의 관계는 명확히 파악되지 않는다.

이렇듯 명확하지 않은 부분들이 많음에도, 한 여성 사도로서의 유니아 문제는 성경의 사소한 부분에도 주목하는 것이 얼마나 중요할 수 있는지를 우리에게 말하고 있다. 물론 더 복잡해질 수도 있다. 그러나 분명 흥미로운 사안임에는 틀림없다. 그리고 우리는 이러한 사례를 통해, 초기 교회 안에서도 여성들이 전략적으로 중요한 역할을 감당했다는 사실을 배울 수 있다.

신자를 사탄에게 내어준다고?

○
○
○
●

신약에서는 신자들이 하나님 및 예수님과 맺고 있는 관계를 묘사하기 위해 종종 "가족 언어"를 사용한다. 가령, 주기도문은 우리에게 하나님을 "우리 아버지"로 부르도록 가르친다(마 6:9). 히브리서 2:11-12는 예수님이 그리스도인들을 자신의 "형제라 부르기를 부끄러워하지 않으신다"고 말한다. 바울은 그리스도인들이 "믿음의 가정"을 이루는 것으로 언급한다(갈 6:10). 그렇다면 바울은 왜 고린도 교회에 보낸 편지에서 "만약 어떤 형제라 일컫는 자가" 죄 가운데 거하면서 회개하지 않을 경우 상종하지 말고 교회에서 내쫓을 뿐 아니라(고전 5:9-13), 심지어 "사탄에게 내주어야" 한다고까지 말하는가(고전 5:5)?

어떤 사람을 사탄에게 내주게 되면, 그는 이제 사탄의 소유가 된다는 의미인가? 그 사람은 구원을 잃어버리게 되는가? 그래서 그리스도께 다시 회심(re-converted)해야만 하는가? 하지만 신약 어느 본문에서도 바울은 문제가 있는 신자는 결국 불신자가 될 수밖에 없다거나 또는 구원의 소망을 잃게 된다고 주장하지 않는다.

회개하지 않는 신자를 사탄에게 내어주도록 요구한 후에, 바울은 그러한 결정의 목적에 대해 언급한다. "이런 자를 사탄에게 내주었으니 이는 육신은 멸하고 영은 주 예수의 날에 구원을 받게 하려 함이라"(고전 5:5). 바울이 "육신은 멸한다"고 했을 때, 그 의미는 무엇인가? 바울은 물리적인 몸을 언급할 때 "육신"(flesh, σάρξ, '사르크')이란 단어를 자주 사용한다. 그러나 때로는 자기만족(self-sufficiency), 세속(worldliness), 또는 삶의 방식(manner of life) 등을 의미하기 위해 그런 단어를 사용하기도 한다.[1] 교회에서 제명을 당한 사람이 그 결과로 목숨을 잃게 되는 것은 아니기 때문에, 두 번째 가능성이 높을 것으로 보인다. 회개하지 않는 신자는 교회에서 쫓겨나 자신의 죄 가운데 살면서, 자기 행동으로 인한 결과를 마주하도록 해야 한다는 것이 바울의 주장이다.

6절에 기술된 바울의 설명은 "육신은 멸한다"(destruction of the flesh)는 것의 의미를 보다 구체적으로 이해할 수 있게 돕는다. 그러나 "사탄에게 내어준다"(delivered to Satan)는 것의 의미는 설명해 주지 못한다. 따라서 우리는 그 해답을 위해 구약을 한번 살펴볼 필요가 있다. 이스

---

1 W. Arndt, F. W. Danker, and W. Bauer, *A Greek-English Lexicon of the New Testament and Other Early Christian Literature* (3rd ed.; Chicago: University of Chicago Press, 2000), 916; H.R. Balz and G. Schneider, *Exegetical Dictionary of the New Testament* (Grand Rapids, MI: Eerdmans, 1993), 3:231.

라엘 사람들은 자신들의 영토를 거룩한 땅(holy ground)으로 보았고, 이방 나라들의 영토는 귀신들(demonic gods)이 다스리는 곳으로 여겼다. 이스라엘은 하나님의 임재가 거하는 곳이기 때문에 거룩한 땅이었다. 이스라엘 외에 다른 모든 지역은 그 반대의 원리가 적용되었다.[2]

이 같은 개념은 교회의 형성 이후에 변화를 맞게 된다. 예루살렘 성전은 더 이상 하나님이 임재하시는 곳이 아니며, 신자들의 몸이 성전으로서의 의미를 갖고 그 안에 하나님이 임재하시게 되었다(고전 3:16-17).[3] 교회 안에 주님이 함께 계신다. 그러므로 교회는 "거룩한 땅"으로 간주되었고, 교회 밖의 다른 모든 곳은 귀신들의 영역으로 간주되었다. 따라서 바울은 죄 가운데 거하는 신자가 (하나님이 거하시는 곳인) 교회에서 추방당하는 것을 사탄의 영역으로 내쫓기는 것이라 생각했다.

---

2 거룩한 땅에 대한 이스라엘 사람들의 관점에 대해서는 "거룩한 흙"(89쪽)을 보라.

3 고전 3:17의 "너희"(you)는 복수형이다("너희[모두]가 그 성전이다"란 의미다).

번역인가, 반역인가?

○

○

○

●

유명한 이탈리아 경구, "트라두토레, 트라디토레"(traduttore, traditore)는 "번역가는 반역자다"(translator, traitor)란 의미다. 이를 당연한 듯 말하는 사람들은 실제로 번역을 한다는 것이 얼마나 어려운 일인지 전혀 모르는 사람들이다. 모든 번역가는 어느 시점에서는 반드시 원문의 의미를 어느 정도 훼손시킬 수밖에 없는 처지에 놓이기 마련이다.

번역 작업을 위해 (모든 번역이 그렇지만, 여기서는 영어성경을 말한다) 학자들로 구성된 번역위원회가 설립되면, 대개 번역 작업 전반에 걸쳐 가장 우선적으로 적용되는 한 가지 방침, 즉 번역 철학(philosophy of translation)을 채택한다. 가장 단순화하면, 크게 두 가지 번역 철학이 존재한다. 첫 번째는 "형태적 등가성"(formal equivalence)이다." 여기엔 번역 작업을 통해 원문과 하나의 짝을 이룰 수 있는 대응물을 생산해 냄으로써, 원문의 사실상 거의 모든 단어들을 일일이 영어로 설명해 내고자 하는 목표가 설정되어 있다. 이것은 "단어 대 단어"(word-for-word) 번역 또는 "문자적"(literal) 번역이기도 하다.

두 번째는 "역동적 등가성"(dynamic equivalence)이다. 이러한 접근 방식은 원문 구절의 문맥을 파악해 그 안에 내포된 사상이나 의미 또는 의도를 포착해 내는 것이다. 그런 후에 그 의미에 가장 정확히 들어맞는다고 판단되는 표현이나 어휘들을 사용하여 그러한 원문의 개념을 현시대의 언어로 재창조(re-create)해 내고자 하는 것이다. 이것은 "의미 대 의미"(thought-for-thought) 번역이다. 그러나 번역 작업에서, 어느 한 가지 방침(번역 철학)을 채택했다고 해서 (성경 번역 작업에 참여하는 번역위원회의) 모든 번역가가 그것을 동일한 수준으로 적용하는 것은 아니다. 번역가마다 편차가 있으므로 여전히 해석 상의 문제가 뒤따른다. 그러므로 성경의 본문 자체가 그 문맥, 문법, 또는 단어 용례의 모호함으로 인해 하나 이상의 번역을 허용하게 될 때, 번역가는 자신의 판단에 따라 여럿 중 어느 하나로 최종적인 결정을 내려야 하는 상황에 처할 수 있으며, 이로 인해 다른 번역가들과 논쟁을 일으키게 되는 경우가 발생할 수 있다.

고린도전서 7:1은 이렇듯 해석상의 논란이 될 잠재적 위험요소를 안고 있는 번역 사례에 대한 하나의 실례라고 할 수 있다.

ESV	"여자와 성관계를 갖지 않는 것이 남자에게 좋다." (It is good for a man not to have sexual relations with a woman.)
NASB	"여자를 만지지 않는 것이 남자에게 좋다." (It is good for a man not to touch a woman.)
NIV	"결혼을 하지 않는 것이 남자에게 좋다." (It is good for a man not to marry.)
NLT	"독신생활로 사는 것이 좋다." (It is good to live a celibate life.)

위 영역본들 가운데 "단어 대 단어" 번역에 가장 근접한 번역은 해당 구절의 헬라어 단어들, 특히 "만지다"(touch)라는 동사(ἅπτομαι, '합토마이')를 문자적 독법으로 포착해 낸 NASB다. 다른 번역들은 다소 모호한 "만지다"(touch)의 의미에서 더 나아가 "…와 성관계를 갖다"(have sexual relations with)란 표현으로 접근했다(ESV).

이들 중 가장 논란이 되는 번역상의 문제가 NIV("결혼을 하지 않는 것이 남자에게 좋다")와 NLT("독신생활로 사는 것이 좋다")에서 제기되고 있다. 이 번역본들은 과연 어떻게 해서, 본래 "만지다"를 의미하는 헬라어 단어로부터 그런 다양한 표현들을 도출해 낼 수 있었을까?

그 해답은 번역가들이 해당 장(chapter)에 대한 더 넓은 문맥이라고 생각하는 부분들, 궁극적으로는 해당 본문의 저자에 관한 내용까지도 모두 계산해 넣었다는 사실에 있다. 고린도전서 7:7-8에서 바울은 자신을 독신으로 묘사하고 있다. 그러면서 고린도 교회의 아직 결혼하지 않은 사람들에게 지금처럼 결혼하지 않은 채로 계속 지내는 것이 더 나은 선택이라고 조언한다(고전 7:7-8, 26-27). 그리고 실체가 규명되지 않은 어떤 "현재의 고난"(present distress, 개역개정, '임박한 환난', 7:26)을 그 이유로 들고 있다. 이러한 문맥상의 고려들이 NIV와 NLT의 7:1 번역에 반영되어 있다.

이런 식의 번역은 확실히 설득력이 있지만 문제는 여전히 존재한다. 바울이 독신으로 살 것을 권유하며 그 이유로 내세우는 7:26절의 "현재의 고난"이, 혹시 앞서 7:1에서 언급한 "너희가 쓴 문제"와 동일한 것은 아닐까? 바울은 단지 성 도덕 또는 품행에 대해 생각하고 있던 것은 아닐까? 고린도전서 7:1에 곧바로 이어지는 구절들은 성적 유혹(음행)에 대해 직설적으로 언급하고 있다(7:2-4). 만약 바울이 염두에 둔 것이 성 도덕의 문제였다면, ESV의 번역이 더 적절하다고 볼 수 있다. 그렇다면 그 요지는 결혼 자체를 되도록 하지 말라는 충고가 아니라, 결혼생활 밖에서의 성적 접촉을 피하라는 권고가 될 것이다.

번역은 단순히 한 언어의 단어를 다른 언어의 단어로 짜맞추는 식의 문제가 아니다. 우리는 때로 성경의 번역이 이상하다고 따지면서 성경 번역가들을 반역자들처럼 여기는 경향이 있다. 그러나 오히려 우리는 그들이 안고 있었던 엄청난 부담감을 헤아릴 필요가 있다. 성경의 다양한 번역본들을 읽으면 번역 작업에서 드러나는 복잡한 문제와 과정들을 이해하는 데 도움이 된다.

찰턴 헤스턴은 혼자가 아니었다

○

○

○

●

"모세의 율법"이란 말을 들을 때, 나이가 지긋한 독자라면 고전 영화 《십계》에서 찰턴 헤스턴이 하나님으로부터 두 돌판을 받는 장면을 떠올릴 수 있다. 그런데 모세와 하나님 이외에도 그때 그곳에 또 다른 존재가 함께 있었다고 한다면 믿을 수 있겠는가?

이런 주장이 아마도 놀랍게 여겨질지도 모르겠다. 그러나 신약성경은 무려 세 곳에서 '천사들', 즉 하나님의 천상회의에 참여하는 신적인 존재들이 모세에게 율법을 전달했다고 말한다. 여기 그중 두 본문을 소개하고자 한다.

- 사도행전 7:52-53: "너희 조상들이 선지자들 중의 누구를 박해하지 아니하였느냐 의인이 오시리라 예고한 자들을 그들이 죽였고 이제 너

희는 그 의인을 잡아 준 자요 살인한 자가 되나니 너희는 '천사가 전한'(delivered by angels) 율법을 받고도 지키지 아니하였도다 하니라."

- 히브리서 2:1-2: "그러므로 우리는 들은 것에 더욱 유념함으로 우리가 흘러 떠내려가지 않도록 함이 마땅하니라 '천사들을 통하여 하신'(declared by angels) 말씀이 견고하게 되어 모든 범죄함과 순종하지 아니함이 공정한 보응을 받았거든."

처음 이 구절들이 눈에 들어왔을 당시에 나는 적잖은 충격을 받았다. 나는 교회에서는 그런 얘기를 전혀 들어본 적이 없었다. 그렇다면 신약 저자들은 구약의 어느 본문에서 이런 내용을 가져와 인용하고 있는 것일까? 그게 내게는 두 번째 충격이있다. 그와 관련해 분명하게 언급된 참고구절이 없었던 것이다. 적어도 현재 우리가 사용하는 구약에서는 말이다.

신약 저자들이 그러한 개념을 자신들 스스로 고안해 낸 것은 아니다. 그들은 자신들이 사용하던 칠십인역(구약의 헬라어 역본) 신명기 33:2-4에서 그러한 개념을 얻었다. 현재 우리가 보는 각각의 영역본들이 기초로 삼고 있는 전통적인 히브리어 본문보다 칠십인역이 더 분명하게 천사들의 존재를 율법 수여 장면과 연계시키고 있다.

따라서 신약 저자들은 특정한 번역본을 사용하고 있었던 것이다. 우리는 그러한 개념이 출발한 배경에 대해 충분히 이해할 수 있다. 그러나 아직 다 끝나지 않았다. 더 이상한 부분이 남아 있다. 율법과 천사들에 대해 언급하고 있는 세 번째 신약 본문은 갈라디아서 3:19-20이다. 그리고 이번 경우에는 단순히 모세와 하나님 곁에 천사들 무리만 동석한 것이 아니었다.

> 그런즉 율법은 무엇이냐 범법하므로 더하여진 것이라 '천사들을 통하여 한 중보자의 손으로'(through angels by a mediator) 베푸신 것인데 약속하신 자손이 오시기까지 있을 것이라 그 중보자는 '한 편만 위한 자가 아니나'(does not represent just one party) '하나님은 한 분'(God is one)이시니라.

갈라디아서 3:19는 율법이 수여될 당시, 하나님과 천사들 말고도 한 중보자가 있었다고 말한다. 대부분의 학자들은 이것이 모세를 가리키는 언급일 것으로 추정한다. 그렇다면 바울은 왜 굳이 모세라고 적시하지 않았을까? 그리고 왜 이스라엘의 강령, 즉 쉐마(Shema)의 일부분("하나님은 한 분이시다")을 곧바로 인용했을까(신 6:4-6)?

그 중보자는 (구약에 자주 등장하는) 사람의 형체로 나타나신 하나님, 곧 야훼의 사자(Angel of the Lord)였을 가능성이 높다. 바울은 이와 관련해 혹여라도 갈라디아 교인들이 혼란을 일으킬까 봐 "하나님은 한 분이시다"란 사실을 인용 강조했던 모양이다. 그러므로 정리하자면, 이스라엘의 하나님이 사람의 형체로 나타나셔서 모세를 만나주셨다. 그런데 이 율법 수여 장면의 어느 대목에서 육체로 현현하신(embodied) 하나님이 드러나시는가? 모세는 신명기 9:10을 통해 우리에게 그 궁금증에 답하고 있다.

> 여호와께서 두 돌판을 내게 주셨나니 그 돌판의 글은 '하나님이 손으로'(finger of God) 기록하신 것이요 너희의 총회 날에 여호와께서 산상 불 가운데서 너희에게 이르신 모든 말씀이니라.

이 본문은 사람의 신체적 특성("손가락")을 영이신 하나님(요 4:24; 사 31:3)께 적용시키고 있다. 이스라엘의 하나님이 사람의 형체로 모세에게 나타나셨다고 볼 수 있다. 이는 전에 불타는 떨기나무 가운데 야훼의 사자가 모세에게 나타나셨넌 것과 유사한 맥락으로 이해할 수 있다(출 3:1-3; 행 7:35). 우리는 스데반 집사의 증언에서 그런 주장을 뒷받침할 만한 근거를 한 가지 찾을 수 있다. 천사들에 의해 율법이 전해진 것을 언급하는 그의 설교에서(7:53), 스데반은 "그 천사"가 시내 산에서 모세에게 말했다고 표현한다(행 7:38).

개인적으로 영화 《십계》를 무척이나 좋아하는데, 그 흥미진진함에 있어서는 영화보다도 오히려 책(성경)이 더 뛰어나다고 할 수 있겠다.

아브라함이 예수님을 만났을 때

○
○
○
●

때론 평범해 보이는 본문 속에 성경에서 가장 놀라운 내용이 감춰져 있는 경우가 있다.

갈라디아서 3:8이 바로 그런 경우다. 율법과 은혜 그리고 복음에 대한 논리 정연하면서도 다소 예측 가능한 논의가 흘러가던 중에, 바울은 불쑥 우리의 허를 찌르고 있다. "하나님이 이방을 믿음으로 말미암아 의로 정하실 것을 성경이 미리 알고 '먼저 아브라함에게 복음을 전하되' 모든 이방인이 너로 말미암아 복을 받으리라 하였느니라."

하지만 아브라함은 예수님이 이 땅에 오시기 무려 2천 년 전에 살았던 사람이 아닌가? 우리는 구약의 아브라함 이야기에서 십자가에 못 박혀 죽으신 구세주에 대한 기사는 전혀 찾아볼 수 없다. 바울은 대체 무엇을 생각하고 있었던 것일까? 갈라디아서 3:8을 제대로 살펴보기 위해, 우리는 복음을 다른 방식으로 고찰할 필요가 있다.

복음이라고 할 때 우리는 주로 십자가에 못 박히신 구세주, 우리 죄를 위해 죽으신 예수 그리스도를 떠올리곤 한다. 그것이 우리가 생각하는 복음의 전형적인 측면이다. 하지만 그리스도의 사역 자체는 하나님이 추구하시는 궁극적인 뜻을 이루기 위한 방편이었음을 기억할 필요가 있다. 본래 하나님은 죄 없이 거룩한 하나님의 가족이 될 인간 공동체를 바라셨다. 완전한 하나님이자 완전한 사람이신 예수님의 희생적 죽음은 그러한 더 큰 목적을 달성하기 위한 필연적인 메커니즘이었다. 복음은 어떤 면에선 거룩한 하나님의 가족 공동체를 얻고자 친히 사람이 되셨던 하나님의 계획이라고도 할 수 있다. 아브라함이 혹시 그런 개념을 이해했던 것은 아닐까?

아브라함을 통해 하나님의 가족을 만들고자 하셨던 하나님의 결심이 창세기 12:1-3을 통해 이렇게 묘사되고 있다. "내가 너로 큰 민족을 이루고 네게 복을 주어 네 이름을 창대하게 하리니 너는 복이 될지라…땅의 모든 족속이 너로 말미암아 복을 얻을 것이라." 바울은 갈라디아서 3:8에서 창세기 본문의 일부분을 인용하고 있다. 바울은 아브라함이 하나님과의 대면을 통해 복음에 대한 지식을 얻게 되었다고 믿었다. 그 지식은 바로 하나님께서 가족 공동체를 만드시기 위해 친히 사람이 되실 것이라는 사실이다. 그리고 바울은 심지어 더 나아가, 아브라함은 아브라함 자신과 그의 자손—당시에는 아직 존재하지도 않았던, 그리고 당시 정황상 존재할 수 없을 것 같았던 그 후손—이 하나님의 그러한 놀라운 계획에 중대한 위치를 차지한다는 사실을 깨달았을 것이라 믿었다. 바울이 우리의 구약과는 내용이 많이 다른 구약성경을 읽고 있었는가? 그렇지 않다. 다른 모든 복음서 기자들과 마찬가지로, 바울 또한 예수님으로부터 복음의 좋은 소식에 관한 정보를 받았다(갈 1:12; 고전 15:8).

요한복음 8:56을 표지판으로 삼는다면, 아브라함이 하나님과 대면했던 창세기 사건을 언급하시는 예수님이 자신을 그 장면의 주인공으로 드러내고 계심을 알 수 있다. "너희 조상 아브라함은 '나의 날'[개역개정, '나의 때'] 볼 것을 즐거워하다가 '그가 그것을 보았고'[개역개정, '보고'] 기뻐하였느니라." 아브라함이 예수님의 날을 보았다고? 예수님의 그 말씀을 듣고 있던 유대인들은, 예수님이 아브라함을 만났다고 주장하는 것으로 받아들였다. 그랬기 때문에 다음 구절에서 그들이 이렇게 말했던 것이다. "유대인들이 이르되 네가 아직 오십 세도 못되었는데 아브라함을 보았느냐?" 어떤 면에선, 실제로 그들 말이 맞았다.

우리는 요한이 예수님을 그 말씀(the Word)으로 칭했음을 알고 있다(요 1:1). 그러나 "주의 말씀" 또는 "여호와의 말씀"이란 표현이 육체로 현현하신 이스라엘의 하나님에 대한 구약의 묘사 방식이란 사실에 대해서는 충분히 알고 있지 않다. 예를 들면, 예레미야에게는 "여호와의 말씀"(the word of the Lord)이 임했다(렘 1:2, 4). 말씀이 예레미야에게 찾아온 것이다. 예레미야는 그 말씀을 주 야훼(하나님)로 불렀다(렘 1:6). 주 하나님, 그 "말씀"은 예레미야 1:9에서 사람의 모습으로 구체화 되고 있다. "여호와께서 그의 손을 내밀어 내 입에 대시며." 구약에는 이 같은 본문들이 더 있다. 하나님과 아브라함 사이에 언약이 체결되는 창세기 15장도 그런 본문 중 하나다. "이 후에 여호와의 말씀이 환상 중에 아브람에게 임하여 이르시되"(15:1). 그것이 환상이라는 가시적인 장면으로 '나타난' 것임에 주목하라. 바울이 갈라디아서 3장에서 인용했던 창세기 12장 본문도 같은 표현을 쓰고 있다. "여호와께서 아브람에게 '나타나' 이르시되"(12:7).

바울이 엉뚱한 소리를 한 것이 아니었다. 아브라함은 실제로 그 말씀과 대면했다. 그리고 말씀이신 주님과의 신적인 만남을 통해 하나님의 구원 계획에 대해 알게 되었던 것이 분명하다.

예수님은 어떻게 재림하시는가?

성경에서 마지막 때(종말)에 관한 예언보다 더 많은 주목을 끄는 대목도 드물다. 심지어 성경을 전혀 읽어보지 않은 사람들조차 성경 속에 예수님의 재림에 대한 예언이 들어 있다는 사실을 알고 있을 정도다. 예수님이 재림하시면 적그리스도(그 "짐승"; 계 19:11–21)의 통치가 종식될 것을 요한계시록이 말하고 있다는 사실은 성경을 공부해 보면 어렵지 않게 알 수 있다. 부활하신 그리스도, 성육신하신 하나님이 이제는 고난 받으시는 구세주가 아니라, 영광을 받으시는 전사-왕으로 이 땅에 다시 오실 것이다. 그런데 성경은 이러한 최종적인 승리의 개선 행진보다 우선하여 일어날 예수님의 앞선 재림(earlier return)에 대해 말한다는 사람들이 있다. 정말 그런가?

"휴거" 문제

일부 그리스도인들은 데살로니가전서 4:16-17을 (요한계시록 19장에 묘사된 주님의 재림에 앞서) 예수님이 나타나실 때 일어날 별도의 사건으로 보고 있다. 이때 죽은 자들과 산 자를 막론한 모든 신자가 지상에서 어떤 식으로 끌어 올려질지 설명한다는 것이다.

> 주께서 호령과 천사장의 소리와 하나님의 나팔 소리로 친히 하늘로부터 강림하시리니 그리스도 안에서 죽은 자들이 먼저 일어나고 그 후에 우리 살아 남은 자들도 그들과 함께 구름 속으로 끌어 올려 공중에서 주를 영접하게 하시리니 그리하여 우리가 항상 주와 함께 있으리라(살전 4:16-17).

이러한 생각을 받아들이는 신자들은 예수님의 앞선 재림(또는 강림) 때 일어날 그 사건을 "휴거"(rapture)라고 부른다. 이 용어는 라틴어 성서인 불가타 역에서 헬라어 '하르파조'(ἁρπάζω)를 라틴어로 번역할 때 사용되었던 '라피에무르'('라피오', "옮겨지다", carry off)란 단어에서 왔다. 헬라어 '하르파조'는 데살로니가전서 4:17에서 "끌어 올려"(caught up)로 번역되는 단어다.

그러나 다른 그리스도인들은 데살로니가전서 4장이 요한계시록 19장에서 묘사된 예수님의 재림과는 다른 (먼저 선행되는 별도의) 사건이라는 주장을 거부한다. 그들은 미래에 있을 예수님의 재림은 오직 한번뿐이며, 단회적 사건이라고 주장한다. 그렇다면 어떤 주장이 옳을까?

조화를 모색하기

질문에 대한 해답은 "어떤 입장을 취하느냐에 따라 달라진다"는 것이다. 예수님의 미래의 재림에 대해 언급하는 신약의 모든 본문들을, 하나님의 지상 방문이 마지막 절정에 달하는—악의 종말을 가져올—최후의 날("야훼의 날")에 대해 언급하는 구약 본문들과 더불어 읽는다면, 우리는 그것들이 세부사항이나 묘사에 있어서 서로 일치하고 있지 않음을 보게 될 것이다. 예를 들면, 데살로니가전서 4:16-17에서는 예수님이 신자들을 구름 속으로 불러 모으시는 가운데, 공중에서 주님의 재림이 이뤄지는 것처럼 보인다. 반면 스가랴 선지자는 창에 찔리신 주님이 야훼의 날에 그 거룩한 자들과 함께 감람산에 물리적으로 강림하실 것을 예언하고 있다(슥 12:10; 14:1-5; 비교, 계 19:14).

해석가들은 자신들의 입장을 결정해야 하는 처지에 놓여 있다. 이 모든 본문들을 취합한 후, 별개의 두 사건으로 분리시켜야 할 것인가? 아니면 조화를 이루게 해야 할 것이가? 전자의 접근 방식은 휴거와 재림이라는 두 가지 별개의 사건을 낳는다. 본문 조화(harmonization)라는 두 번째 방식으로 접근하면, 휴거는 배제되고 하나의 사건, 즉 재림만

이 남는다. 본문 조화(Harmonization)는 그 유효성이 증명된 해석 방법으로, 특히 예수님의 생애에 관한 복음서 기사들 사이에 존재하는 불일치를 해소하기 위해 해석가들이 자주 사용하는 방법이다. 또한 사무엘서, 열왕기 및 역대기에 기록된 이스라엘 역사에 대한 구약 기사들 사이에서의 타협점을 찾기 위해 사용되기도 한다. 그러나 많은 이들은 성경의 예언들 사이에서 이런 식으로 노력을 기울여 절충된 '상이한' 부분들을 고려할 때 결국 서로 '불일치'하는 것으로 결론내리기도 한다.

성경은 어떤 해석 방법이 옳은지 우리에게 알려주지 않는다. 해석을 위한 별도의 부록이 요한계시록 끝에 붙은 것도 아니다. 두 가지 관점 모두 우리가 본문 연구를 통해 내리는 선택에 기초할 뿐이다. 그중 어떤 관점도 "성경적 입장"이라고 단정할 만큼 자명한 것은 아니다. 이러한 사실을 깨닫는다면, 우리가 어떤 입장을 취하든 상관없이, 서로 다른 견해를 가진 사람들을 겸손과 관용으로 대하는 것이 마땅하고 바람직하다.

예수님은 무엇을 기다리시는가?

○

○

○

●

십대 시절에 영화《밤의 도둑》(A Thief in the Night)을 보고 큰 충격을 받았던 기억이 있다. 영화는 데살로니가전서 5:2의 묘사처럼, 예수님이 한밤에 도둑같이 언제든 재림하실 수 있다는 내용을 다루고 있다. 메시지는 분명했다. 만약 우리가 불신자라면, 주님이 재림하실 때 버려지게 될 것이다. 그날 그 영화는 예수 그리스도를 믿는 믿음으로 나를 이끌지는 못했지만 한 가지 확실한 효과는 있었다. 영화를 보고 나서 나는 겁에 질리고 말았다. 그렇다면 예수님의 재림이 임박했다는 개념은 과연 성경적인 것일까?

예수님은 제자들에게 자신의 재림을 대비해 깨어 있을 것을 말씀하셨다. 주님은 그 날과 때는 아무도 모르며 심지어 자신도 모른다고 하셨다(마 24:36). 그러므로 예수님은 생각하지 않은 날 알지 못하는 시각에 오실 것이다(24:50). 하지만 예수님의 부활 후에 기록된 본문들은 주님이 머지 않아 나타나실 것이고(고전 1:7; 딛 2:13), 심지어 매우 "가까움"을 암시하고 있다(빌 4:5; 약 5:8-9).

그러한 단도직입적인 진술들이 있은 지 이천 년이 흘렀다. 이제 사람들은 성경 시대의 저자들이 무언가 오해했던 것으로 간주한다. 거기에 더해, "임박한" 재림을 막는 장애물이 생겨났다. 신약성경에 따르면, 예수님의 재림 전에 특정한 징조나 사건들이 선행한다는 점이다. 예를 들면, 성전이 완전히 무너져야 하며(마 24:2), 주님의 재림을 암시하는 징조들이 하늘로부터 나타나야 한다(마 24:30; 눅 21:11).

예수님은 세 가지 비유를 들어, 자신의 재림이 즉각적이지는 않고 한동안 지연된 후에—적어도 베드로가 나이들고 죽은 이후에(요 21:18)—일어날 것을 암시하셨다(눅 19:11-27; 마 25:5, 19). 바울은 하나님의 구원 계획이 성취되고 예수님이 재림하시려면 그 전에 먼저 복음이 열방 모든 족속에게 전해져야 할 것이라 믿었고, 이는 마태복음 24:14에 근거한 것임이 분명해 보인다(롬 11:12, 25).

심지어 "밤의 도둑"이란 문구가 발견되는 본문, 데살로니가전서 5장은 신자들이 주님이 재림하실 때를 어느 정도 짐작할 수 있을 것으로 암시하고 있다. 불신자들과 달리 신자들은 재림의 때를 알아차릴 수 있음을 말하기 위해 바울이 사용하는 명사와 대명사를 주목해 보라.

> 형제들아 때와 시기에 관하여는 너희에게 쓸 것이 없음은 주의 날이 밤에

도둑 같이 이를 줄을 너희 자신이 자세히 알기 때문이라 그들이 평안하다 안전하다 할 그때에 임신한 여자에게 해산의 고통이 이름과 같이 멸망이 갑자기 그들에게 이르리니 결코 피하지 못하리라 형제들아 너희는 어둠에 있지 아니하매 그 날이 도둑 같이 너희에게 임하지 못하리니 너희는 다 빛의 아들이요 낮의 아들이라 우리가 밤이나 어둠에 속하지 아니하나니 그러므로 우리는 다른 이들과 같이 자지 말고 오직 깨어 정신을 차릴지라(살전 5:1-6).

만약 신자들이 주님의 재림의 때를 어떤 식으로든 감지할 수 있다면, 예수님의 재림이 어느 순간에든 가능하다는 생각은 다소 부정확할 수 있다. 이러한 문제를 해결하기 위해 일부 그리스도인들은 데살로니가전서 5장의 경우는 아마겟돈에서 있을 예수님의 재림을 언급하는 것이며, 그때는 어떤 사전 징조나 예고 없이 휴거(앞선 재림)가 있을 것이라고 주장하기도 한다.[1] 최선의 조언은 이렇다. 즉 우리는 예수님의 재림을 임박한(imminent) 것으로 묘사하기보다는, 절박한(impending) 것으로 바라볼 필요가 있다는 것이다. (재림의 전조를 감지할 수 있든, 아니면 아무런 전조 없이 휴거가 일어나든) 두 관점 모두 적어도 이러한 제안에는 동의할 수 있을 것이다.

---

1 휴거 개념은 특정한 방식의 성경 해석에 기초하며, 이에 대한 논의는 "예수님은 몇 번 재림하시는가?"(210쪽)를 참고하라.

하나님의 우편에 여인이 있다고? 히브리서에 등장하는 지혜

○

○

○

●

히브리서 1:2는 이 "마지막 날들"(개역개정, '이 모든 날 마지막')에 하나님이 인류에게 그 "아들을 통하여 말씀"하셨으며, 그 "아들을 만유의 상속자로 세우시고 또 그로 말미암아 모든 세계를 지으셨다"고 기록한다(비교, 골 1:16; 고전 8:6). 하나님과 함께 공동 창조자(co-creator)로 계셨던 예수님의 역할은 신학 교리로서도 제법 익숙한 주제다. 그러나 3절에서는 다소 생경한 표현이 등장한다. "[예수님은] '하나님의 영광의 광채'(the radiance of the glory of God)시요." 이 문구의 의미가 이상하다는 것은 아니다. 우리는 이러한 은유적 표현을 충분히 이해할 수 있다. 예수님은 하나님의 영광을 "밝게 비추어 나타내시는" 분이다. 예수님은 하나님이 어떠한 분이신지를 찬란하게 반영하는 그 본체의 형상이시다. 여기서 특이하다고 여겨지는 점은 그런 개념이 어디에서 유래했는지 그 출처에 대한 부분에 있다. 그리고 히브리서의 수신자인 유대 그리스도인 독자들에게 그런 표현이 얼마나 놀라운 것이었는지에 대한 것도 우리가 짚고 넘어가야 할 부분이다.

여기서 "광채"(ἀπαύγασμα, '아파우가스마')란 단어는 신약 전체를 통틀어 오직 이 본문에서만 사용된다. 히브리서 기자가 어떤 의도로 이 단어를 사용했는지 밝혀내기 위해, 우리는 그가 참고했을 자료를 살펴볼 필요가 있다. 히브리서 기자는 구약의 헬라어 번역본인 칠십인역을 인용하고 있다. 칠십인역에는 (오늘날의 유대인들과 그리스도인들은 정경으로 받아들이지 않지만) 고대 시대의 일부 사람들이 신성하다고 여기던 책들이 포함되어 있다. 히브리서 1:3의 이 문구는 그런 책들 가운데 하나인, 지혜서(Wisdom of Solomon)에서 기원한다. 우리가 그것을 어떻게 확신할 수 있을까? 그 근거는 '아파우가스마'란 헬라어 단어가 칠십인역에 오직 단 한 차례만 발견되는데, 그 본문이 바로 지혜서 7:26이기 때문이다. 그 단어의 용례가 매우 드문 경우라는 것은 분명 흥미로운 부분이 아닐 수 없다. 그런데 정말 놀라운 것은 따로 있다! 해당 단어가 극히 보기 드문 단어라는 사실 외에도, 히브리서 1:3가 인용하고 있는 지혜서 자료에는 '한 여인'(a woman)이 하나님의 의인화된 인격처럼 언급되고 있다는 점이다. 성경의 환상특급에 오신 것을 환영한다.

지혜는 모든 움직임보다 더 빠르며, [그녀의, her] 순결한 나머지, [그녀는,

she] 모든 것을 통찰한다. 지혜[그녀, she]는 하느님께서 떨치시는 힘의 바람이며 전능하신 분께로부터 나오는 영광의 티없는 빛이다. 그러므로 티끌만한 점 하나라도 지혜[그녀, her]를 더럽힐 수 없다. 지혜[그녀, she]는 영원한 빛의 찬란한 광채['아파우가스마']이며 하느님의 활동력을 비쳐 주는 티없는 거울이며 하느님의 선하심을 보여주는 형상이다(지혜서 7:24-26 공동번역).

지혜서의 유대인 저자는 여인으로 의인화된 지혜에 대한 개념을 잠언에서 착안했다.[1] 그런 표현(지혜)은 주로 하나님의 율법에 순종하는 실천적이고 통찰력 있는 삶을 지칭하기 위해 사용되지만, 잠언의 저자는 때로는 지혜를 한 여인의 모습으로 그려내고 있다("그녀의 소리"[her voice, 개역개정은 여성 대명사를 쓰지 않는다]; 비교, 잠 1:20-33; 3:13-16; 4:6; 7:4; 9:1-6). 잠언 8:1은 지혜가 하나님의 백성을 향해 외치는 모습을 묘사한다("지혜가 부르지 아니하느냐 명철이 [그녀의] 소리를 높이지 아니하느냐?"). 그런데 특히 잠언 8:22-30의 지혜 표현과 관련해 더 놀라운 부분은 그녀(지혜)를 하나님의 공동 창조자로 묘사하고 있다는 점이다.

---

1 지혜는 한 여인으로 내비쳐지는데 이는 "지혜"를 의미하는 히브리어(המכח, '호크마')가 문법적으로 여성 형태이기 때문이다. 문법상의 성은 생물학적 성과는 대개 아무런 관련이 없다. 예를 들면, "little girl"(소녀)를 의미하는 독일어 단어(*mädchen*)는 문법적으로 중성이다. 언어에서는 명사들을 분류하기 위한 하나의 수단으로 성(gender)을 사용한다. 때론 이러한 분류 장치(classification device)가 번역을 통해 오기도 한다. 예를 들면, 영어에서 우리는 함선을 여성으로("she was a fine ship") 또는 국가를 "motherland"(모국) 또는 "fatherland"(조국)로 지칭하기도 한다.

> 여호와께서 그 조화의 시작 곧 태초에 일하시기 전에 나를 가지셨으며 만세 전부터, 태초부터, 땅이 생기기 전부터 내가 세움을 받았나니…산이 세워지기 전에, 언덕이 생기기 전에 내가 이미 났으니…그가 하늘을 지으시며 궁창을 해면에 두르실 때에 내가 거기 있었고…바다의 한계를 정하여 물이 명령을 거스르지 못하게 하시며 또 땅의 기초를 정하실 때에 내가 그 곁에 있어서 창조자가 되어…항상 그 앞에서 즐거워하였으며.

이러한 표현들은 잠언 3:19를 상기시키고 있다. "여호와께서는 지혜로 땅에 터를 놓으셨으며 명철로 하늘을 견고히 세우셨고"(비교, 렘 10:12). 한 여인으로 의인화 된 지혜는 구약에서 하나님의 창조 대행자(God's agent of creation)로도 무대에 등장하고 있다.

이러한 사실이 예수님에 대한 신약의 가르침과는 얼마나 일치하는가? 우리는 그 질문에 답하기 위해 조금 더 많은 배경지식이 필요하다.

예수님이 오시기 약 250년 전에, 유대교 신학자들은 토라(Torah)를 지혜와 동일시했는데, 그 이유는 주로 '토라'(תורה)가 히브리어에서 문법적으로 여성 형태였고, 또한 토라가 사람을 지혜롭게 만드는 것으로 간주되었기 때문이다. 이것은 다수의 유대인들에게 있어 토라(지혜)는 곧 신적인 것임을 의미했다.

- 집회서(Sirach) 24:1-3, 23: "지혜는 스스로 [그녀] 자신을 찬미하고, 군중들 속에서 자기[그녀]의 영광을 드러낸다. 지혜는 지극히 높으신

분을 모신 모임에서 [그녀의] 입을 열고, 전능하신 분 앞에서 자기[그녀]의 영광을 드러낸다. '나는 지극히 높으신 분의 입으로부터 나왔으며 안개와 같이 온 땅을 뒤덮었다'…이 모든 것은 지극히 높으신 하느님의 계약의 글월이며, 우리 야곱 가문의 유산으로 모세가 제정해 준 율법이다"(공동번역).

- 지혜서 9:1, 4, 10, 18: "우리 조상들의 하느님이시며 자비로우신 주님…나에게, 당신 왕좌에 자리를 같이한 지혜를 주시고…당신의 거룩한 하늘에서 지혜[그녀]를 빨리 내려주시고 영광스러운 당신 왕좌로부터 [그녀를] 보내주소서…그리하여…당신을 기쁘게 해드리는 일이 무엇인가를 깨닫게 해주소서…지혜는 이 세상에 사는 사람의 길을 곧게 만들어주었고 사람들에게 당신을 기쁘게 해드리는 일을 가르쳐주었으며 사람들을 구원해 주었습니다"(공동번역).

이들 저자들의 생각에 따르면, 창세기 1:3의 창조 때 하나님에 의해 선포된 그 말씀이 지혜, 즉 토라의 말씀이었다. 후에 모세가 그 계명으로 받아 적게 될 이 발화된 지혜가 잠언 8:22에서는 살아있는 하나의 신적 존재처럼 묘사되고 있다. 이처럼 유대교의 신학에서 지혜(토라)는 하나님의 창조 대행자였고, 심지어 구원자였다.

한편 신약의 저자들은 다른 관점을 지니고 있었다. 예수님을 "하나님의 지혜"(고전 1:24, 30) 그리고 하나님의 창조 대행자로 묘사한 바울의 표현은 유대인들의 귀에 신학적인 동요를 일으키기에 충분한 것이었다. 이것은 사력을 다해서, 복음을 "율법[토라]과는 별개"(apart from the law. 개역개정, '율법 외에')의 것으로 설명하려는 바울의 시도를 완전히 새로운 관점에서 재조명하게 한다(롬 3:21). 바울이 하나님의 지혜를 예수님으로 규정한 것은 요한이 예수님을 태초에 하나님의 우편에 함께 계셨던 그 말씀으로 진술하는 것과 다를 바 없는 것이다(요 1:1-4). 또한 그것은 예수님이 구원의 방편인 지혜(토라)라는 의미와도 다를 바 없다. 실제로, 예수님은 자신이 토라의 완성이 되심을 선언하셨다(마 5:17-20). 예수님은 구원의 전달자로서 인류에게 하나님의 성품을 비추시는 분이셨다. 바울이나 요한과 마찬가지 맥락에서, 히브리서 기자는 예수님을 "하나님의 영광의 광채"로 묘사함으로, 예수님에 관한 그와 같은 놀라운 관점에 대해 설명하고자 했다.

여기서 잠깐!

잠언 8장 그리고 예수님을 지혜와 동일시하는 것은 초기 교회 시대에 논란이 되는 사안이었다. 니케아 공의회 논쟁에서, 예수님을 하나님의 첫 번째 피조물로 생각했던 자들은 여호와께서 지혜를 "낳으셨다"(개역개정, '가지셨으며')는 잠언 8:22의 표현을 그 근거로 들었다. "낳으셨다"(brought forth)란 의미에 해당하는 히브리어 동사(קנה, '카나')는 창조 행위(참고, 시 139:13 ["주께서 내 내장을 '지으시며'(formed)"]; 창 14:19, 22 ["하늘과 땅의 '창조주'(creator); 다른 영역본들은 "소유주"(possessor)로 표기했으며 이 또한 가능한 번역이다. 개역개정, '천지의 주재']])를 의미할 때도 사용될 수 있다. 이 히브리어 동사에 대한 해석은 니케아 신조 문구에서 "나신 바 되셨으나, 창조되신 것은 아니니다"(begotten, not made)라는 구분을 두게 만든 하나의 요인이었다.

지혜는 하나님의 한 속성을 의인화한 것이기 때문에, 핵심되는 질문은, "하나님에게 지혜가 없었던 때가 단 한순간이라도 있었는가? 만약 그렇다면, 하나님은 어떻게 하나님이실 수 있는가?"가 될 것이다. 이스라엘의 하나님에게 지혜가 '결여된' 어느 한 시점이 존재했었다는 식의 개념은 성경 저자들에게는 완전히 터무니없는 생각이었을 것이다. 하나님은 (그분의 다른 많은 속성과 마찬가지로) 영원하시기 때문에, 창조의 대행자로 "나신 바 된" 지혜도 영원하시다.

세례가 영적 전쟁이라니

○

○

○

●

목사님이 베드로전서를 본문으로 주일마다 연속 설교를 진행하고 있었다. 베드로전서 3:14-22 차례가 되었을 때, 목사님은 진지한 목소리로 이렇게 말했다. "우리는 이 단락은 건너뛰려고 합니다. 너무 이상한 게 많거든요." 그날 목사님의 말씀은 맞기도 하고 틀리기도 했다. 정말 특이하다는 것만큼은 사실이다. 그러나 만약 우리가 제대로 이해할 수 있다면, 해당 본문이 신약에서 가장 흥미롭고 강력한 메시지를 전한다는 사실을 발견하게 될 것이다.

> 그러나 의를 위하여 고난을 받으면 복 있는 자니 그들이 두려워하는 것을 두려워하지 말며 근심하지 말고 너희 마음에 그리스도를 주로 삼아 거룩하게 하고 너희 속에 있는 소망에 관한 이유를 묻는 자에게는 대답할 것

을 항상 준비하되 온유와 두려움으로 하고 선한 양심을 가지라 이는 그리스도 안에 있는 너희의 선행을 욕하는 자들로 그 비방하는 일에 부끄러움을 당하게 하려 함이라 선을 행함으로 고난 받는 것이 하나님의 뜻일진대 악을 행함으로 고난 받는 것보다 나으니라 그리스도께서도 단번에 죄를 위하여 죽으사 의인으로서 불의한 자를 대신하셨으니 이는 우리를 하나님 앞으로 인도하려 하심이라 육체로는 죽임을 당하시고 영으로는 살리심을 받으셨으니 그가 또한 영으로 가서 옥에 있는 영들에게 선포하시니라 그들은 전에 노아의 날 방주를 준비할 동안 하나님이 오래 참고 기다리실 때에 복종하지 아니하던 자들이라 방주에서 물로 말미암아 구원을 얻은 자가 몇 명뿐이니 겨우 여덟 명이라 물은 예수 그리스도께서 부활하심으로 말미암아 이제 너희를 구원하는 표니 곧 세례라 이는 육체의 더러운 것을 제하여 버림이 아니요 하나님을 향한 '선한 양심'의 '간구'니라 그는 하늘에 오르사 하나님 우편에 계시니 천사들과 권세들과 능력들이 그에게 복종하느니라.

베드로전서의 주제는 그리스도인들이 고난을 견디며 믿음 안에서 인내해야 한다는 것이다. 그런데 이 특이한 본문이 어떻게 해당 주제와 연결되는지 이해하기 위해, 우리는 모형(types) 또는 모형론(typology)이란 개념—성경에서 사용되는 일종의 예언 방식—을 잠시 살펴볼 필요가 있다.

'예언'이라고 할 때 가장 먼저 우리는, 선지자들의 입에서 직접적으로 선포되는 그런 예언을 떠올릴 것이다. 그러나 '모형'의 경우, 그것은 '발화되지' 않는 예언이다. 그것은 장차 있을 무엇인가를 예시(foreshadow)하는 어떤 사건이나 인물 또는 제도를 가리킨다. 예를 들면, 바울은 아담이 그리스도의 '모형'이었다고 말한다. 아담은 예수님에 관한 그 무엇에 대해 예시 또는 예표했던 인물이다. 특히, 아담의 불순종이 모든 사람에게 영향을 준 사건이 되었듯, 예수님의 십자가 사역도 모든 사람에게 영향을 준 중요한 사건이 되었다는 점에서 그렇다는 것이다(롬 5:14).

베드로전서 3:14-22은 모형론을 사용하고 있다. 이 본문은 창세기 6장과 관련된 사건들이 복음과 부활을 예시 또는 예표하는 것으로 기술하고 있다.[1] 창세기 6:1-4에서 천사적 존재들("하나님의 아들들")이 사람의 딸들을 아내로 삼은 에피소드는 (결국 홍수 심판을 불러온 사악함의 기폭제가 되었다는 점에서) 중요한 의미를 갖는다. 특히 베드로는 그리스도인의 세례와 관련해 해당 사건들을 연결시키고 있다.

베드로는 창세기 6장에 관한 유대인의 전승을 잘 알고 있던 것이 분명했다. 신약 시대 직전의 유대인 저자들은 하나님이 에녹을 타락한 하나님의 아들들에게 보내 그들의 잘못과 그에 따른 심판을 전하게 하셨다고 가르쳤다(창 5:21-24). 유대인의 전승에 따르면, 그 천사적 존재들(angelic beings)은 지하 세계의 감옥에 갇혀 있었다.

---

1 참고. "천사들의 징역살이 시절"(233쪽). 벧후 2:4 그리고 유 6절은 창 6:1-4의 에피소드 및 노아 홍수 당시 지하세계("Tartarus")의 타락한 천사들의 투옥에 대해 언급하고 있다. 하나님의 계획은 메시아가 나타나 지상을 통치하게 될 마지막 심판의 때까지 그들을 계속 가둬두는 것이었다.

베드로는 이러한 개념들 속에서 신학적 유비를 찾아냈다. 바울이 예수님을 둘째 아담으로 보았던 것처럼, 베드로는 예수님을 둘째 에녹으로 보고 있다.

에녹은 옥에 갇힌 타락한 천사들에게 그들의 운명을 선포하기 위해 지하 세계로 내려갔다. 이를 베드로전서 3:14-22는 예수님이 그 "옥에 있는 영들", 곧 타락한 천사들에게 내려가셨다고 말한다. 예수님은 자신이 육체로는 십자가에 죽임을 당하셨지만, 그럼에도 불구하고, 오히려 그들이 패배했다는 사실을 선포하신다. 하나님의 구원 계획과 하나님 나라의 통치는 전혀 흠집조차 나지 않았다. 사실, 그것은 스케줄대로 진행되고 있었다. 십자가 죽음은 실제로는 하나님을 대적하는 모든 악한 세력들에 대한 완전한 승리를 의미했다. 이처럼 승리가 선포되었기에, 베드로전서 3:14-22 본문은 예수님이 죽은 자들 가운데서 다시 살아나 하늘에 오르사—모든 천사들과 권세들과 능력들 위에서—하나님의 우편에 앉으신 장면으로 마치는 것이다.

하지만 이것이 세례와 무슨 연관이 있는가? 세례는 본문의 논지를 설명해 준다. 이러한 점에서 우리는 21절의 두 단어를 다시 살펴볼 필요가 있다. 21절에서 거의 대부분 "appeal"(개역개정, '간구')로 번역되는 헬라어(ἐπερώτημα, '에페로테마')를 여기서는 "맹세/서약"(pledge)으로 이해해야 가장 적확한 의미일 것이다.[2] 마찬가지로, "양심"(conscience)이

2 Walter Bauer and Frederick William Danker, *A Greek-English Lexicon of the New Testament and Other Early Christian Literature* [BDAG] (3rd ed.; Chicago: University of Chicago Press, 2000), 285.

라고 번역된 헬라어(συνείδησις, '쉬네이데시스')도 사실 이 본문에서는 옳은 것과 잘못된 것에 대한 내면의 소리를 의미하지 않는다. 오히려 해당 단어는 누군가의 충절(loyalty)을 반영하는 어떤 태도나 결심을 가리킨다.[3]

그렇다면 세례는 구원을 생산해 내는 그 무엇이 분명 아니다. 오히려 세례는 부활하신 구원자에 대한 일종의 충성 맹세/서약이다. 선과 악의 우주적 전쟁에서 주님의 편에 서 있는 사람이 행하는 공적인 서약인 것이다. 또한 세례는 타락한 천사들의 패배를 떠올리게 하는 자명종이기도 하다. 세례가 행해질 때마다 그것은 복음과 하나님 나라의 권세에 눌려 망하게 될 존재들의 운명을 알리는 끊임없는 선포인 셈이다.

초기 교회의 유대인 그리스도인들은 이 본문에 담긴 모형론에 대해 그리고 그것이 창세기 6장의 타락한 천사들과 어떤 식으로 연결되는지 이해했을 것이다. 바로 이러한 이유로, 초창기 세례식에는 사탄과 '그의 천사들'을 거부하는 순서가 포함되어 있었다.[4] 초기 교회에서 세례는 영적 전쟁과 깊은 관련이 있었고, 그것은 지금도 유효하다.

---

3 *BDAG*, 786–787.

4 예를 들면, 교부 테르툴리아누스의 다음 저작을 보라: *On the Crown*, 3; *On the Shows*, 4; and *On the Soul*, 35.3. 또한 다음을 보라. Ansgar Kelly, *The Devil at Baptism: Ritual, Theology, and Drama* (Cornell, 1985), 94–105.

예수님은 하나님이시다:
유다와 베드로가 그렇게 말하네

○

○

○

●

성경 공부를 하다 보면 베드로전후서와 유다서를 종종 건너뛰게 된다. 이 서신들이 더 인기 있는 바울 서신이나 요한계시록 사이에 끼어 있을 뿐 아니라, 요즘 사람들에겐 이상하다고 여겨지는 내용이 상당수 있기 때문이다. 하지만 1세기 독자들은 전혀 이상하다고 여기지 않았다. 당시에 영향력 있던 고대 유대교 및 기독교 저작물과의 공통분모들을 이해할 수 있다면, 이 서신들을 이해하는 데 어느 정도 어려움을 해소할 수 있을 것이다. 베드로와 유다가 각자의 서신에서 인용한 문헌 가운데 오늘날 우리에게 에녹1서로 알려진 책이 있다.

고대의 유대인들과 초기 그리스도인들은 에녹1서 같은 문헌들을 성경의 책들과 그들의 신학을 이해하는 데 필요한 중요 자료로 간주했다.

베드로와 유다도 예외가 아니었다. 예를 들면, 유다서 14-15절은 에녹1서의 문구를 직접 인용하고 있다.

에녹1서 1:9	유다서 14-15
보라, 그가 무수히 많은 그의 거룩한 자들과 함께 오시니, 이는 뭇 사람을 심판하사 모든 악인을 멸망시키고, 그 행한 모든 악한 일들 그리고 그 악한 죄인들이 그를 거슬러 말했던 교만하고 완악한 말들에 대하여 모든 육체를 정죄하기 위함이라.	아담의 칠대 손 에녹이 이 사람들에 대하여도 예언하여 이르되 보라 주께서 그 수만의 거룩한 자와 함께 임하셨나니 이는 뭇 사람을 심판하사 모든 경건하지 않은 자가 경건하지 않게 행한 모든 경건하지 않은 일과 또 경건하지 않은 죄인들이 주를 거슬러 한 모든 완악한 말로 말미암아 그들을 정죄하려 하심이라 하였느니라.

에녹1서 1:9에서 발견되는 모든 개념이 구약의 세 본문에서도 발견된다(렘 25:30-31; 사 66:15-16; 슥 14:5). 유다는 구약의 세 본문을 모두 인용하기 보다는 그 내용을 전부 합쳐놓은 에녹1서에서 인용한다. 그러나 유다의 간명한 요약 방식보다 더 흥미로운 부분은, 구약뿐 아니라 에녹1서에 대한 유다의 해석에 있다. 에녹1서 1:9의 시내 산에서 "무수히 많은 거룩한 자들과 함께 오시고"(에녹1서 1:4), 야훼의 날에 최후 심판을 위해 이 땅에 오실 것을 약속하신 이는 그 "지극히 거룩하신 분"(Great Holy One), 즉 하나님이시다. 유다는 (그리고 마가와 바울도; 비교, 막 8:38; 살전 3:13) 이 사건을 예수 그리스도의 재림 사건으로 전환시킨다(유 17-18절). 예수님을 그 거룩한 자들과 함께 오시는 이로 규명함으로써, 유다는 예수님을 이스라엘의 하나님과 동등한 분으로 묘사한다. 유다의 에녹1서 인용은 예수님의 하나님 되심을 선포하는 자신만의 효

과적인 전략이었다.

베드로 또한 에녹1서를 끌어다쓰고 있다. 그의 첫 번째 편지에는 에녹1서 108장에 대한 20여 차례의 암시적인 언급이 있다. 베드로전서 1:7-18은 베드로가 독자들을 격려하기 위해 에녹1서를 어떤 방식으로 사용하는지 실례로 보여준다.

에녹1서 108:6-10	베드로전서 1:6-18
여기에 죄인들과 하나님을 모독한 자들, 그리고 악을 행한 자들 그리고 선지자들의 입을 통해 이루어질 그 일들에 (관하여) 주님이 말씀하신 모든 것을 변개한 자들의 영들이 던져졌으니 그들에 관한 책들과 기록들이 위로 하늘에 있나니 천사들이 그것들을 읽고, 그 죄인들과 겸손한 자들의 영들, 그리고 그들의 육체를 괴롭힌 자들…하나님을 사랑하는 자들, 그리고 금과 은 그리고 세상의 모든 좋은 것들을 사랑하지 않은 자들에게 무슨 일이 일어날지 알게 하려 하심이라; 그러나 그들의 육체는 고통으로 넘겨졌으니…주께서 그들을 크게 시험하셨고, 그들의 영은 순전함으로 드러났나니 그들은 그의 이름을 송축할 것이니라.	그러므로 너희가 이제 여러 가지 시험으로 말미암아 잠깐 근심하게 되지 않을 수 없으나 오히려 크게 기뻐하는도다 너희 믿음의 확실함은 불로 연단하여도 없어질 금보다 더 귀하여 예수 그리스도께서 나타나실 때에 칭찬과 영광과 존귀를 얻게 할 것이니라 예수를 너희가 보지 못하였으나 사랑하는도다 이제도 보지 못하나 믿고 말할 수 없는 영광스러운 즐거움으로 기뻐하니…이 구원에 대하여는 너희에게 임할 은혜를 예언하던 선지자들이 연구하고 부지런히 살펴서…이 섬긴 바가 자기를 위한 것이 아니요 너희를 위한 것임이 계시로 알게 되었으니 이것은 하늘로부터 보내신 성령을 힘입어 복음을 전하는 자들로 이제 너희에게 알린 것이요 천사들도 살펴 보기를 원하는 것이니라…너희가 순종하는 자식처럼 전에 알지 못할 때에 따르던 너희 사욕을 본받지 말고 오직 너희를 부르신 거룩한 이처럼 너희도 모든 행실에 거룩한 자가 되라…너희가 나그네로 있을 때를 두려움으로 지내라 너희가 알거니와 너희 조상이 물려 준 헛된 행실에서 대속함을 받은 것은 은이나 금 같이 없어질 것으로 된 것이 아니요.

에녹1서와 베드로전서는 신실한 그리스도인들을 향해 인내할 것을 격려하고 있다는 유사성을 보인다. 하나님을 향한 그리스도인들의 사랑은 천사들이 지켜보고 있는 한 편의 지상 드라마 같다. 그런데 유다와 마찬가지로, 베드로 또한 에녹1서의 우리의 사랑의 대상(이스라엘의 하나님)을 예수님으로 전환시킨다. 베드로는 유대인들의 전승을 알고 있던 신실한 자들을 향해 계속 예수 그리스도를 따를 것을 권면하고 있는 셈이다.

이렇듯 두 서신에서 공통적으로 드러나는 인용 방식은, 베드로와 유다 모두 독자들로 하여금 (그들에게는 이스라엘의 하나님으로 계시된) 예수님을 따르려는 결심을 더 굳게 하길 바라고 있음을 보여준다. 에녹1서 같은 고대 문헌들을 읽음으로써, 우리는 성경의 문화적 배경에 대한 이해의 폭을 넓힐 수 있다. 또한 성경 저자들이 자신들의 신학을 형성하는 데 일조했던 문헌들을 사용한 방식에 대해서도 엿볼 수 있다.

여기서 잠깐!

에녹1서는 "위경"(pseudepigrapha)으로 알려진 고대 유대교와 기독교의 문헌 모음집에 포함된다. 이 용어는 "거짓 문서"(false writings)를 의미하는 것으로 종종 오해되기도 한다. 그러나 사실 그것은 위경의 실제 저자가 자신의 이름이 아닌, 성경 인물의 이름을 표제로 취하는 문헌을 가리킨다. (비슷하게는, 필명[pen name]을 뜻하는 pseudonym[가명, 아호]란 용어가 있다).

천사들이 옥에 갇혀 있다

○

○

○

●

대부분의 성경 연구 교재들은 타락한 천사들(fallen angels)의 존재를 루시퍼(Lucifer)가 하나님에게 반역하던 때 함께 가담했던 귀신들로 설명한다. 나는 그와 다르게 말하려고 한다. 범죄한 천사들에 대해 언급하는 신약의 유이한 본문에서는 그들을 귀신으로 부르지 않으며, 루시퍼와 관련시키지도 않고, 단지 그들을 옥에 가두고 있을 뿐이다. 베드로후서와 유다서의 세계로 들어가보자.

- 벧후 2:4—"하나님이 범죄한 천사들을 용서하지 아니하시고 지옥에 던져 어두운 구덩이에 두어 심판 때까지 지키게 하셨으며."
- 유 6절—"또 자기 지위를 지키지 아니하고 자기 처소를 떠난 천사들을 큰 날의 심판까지 영원한 결박으로 흑암에 가두셨으며."

베드로후서 2:4 본문과 유다서 6절 본문은 징역살이를 하고 있는 천사들에 대한 진술에서 서로 거의 일치하고 있다. 그러나 서로 차이가 나는 부분도 있는데, 이를 통해 우리는 "지금 '영적 세계'에서 무슨 일이 일어나고 있는지"를 밝히는 데 도움을 얻을 수 있다.

유다서 6절은 베드로후서 2:4에서 언급하는 천사들의 죄가 무엇인지 확인해 준다. 그 천사들은 "자신들에게 주어진 합당한 자리를 떠나는"(개역개정, '자기 처소를 떠난') 죄를 저질렀다. 베드로후서는 그들이 사탄과 한패였다거나 또는 그들이 에덴에서 어떤 잘못을 저질렀다는 식으로 말하지 않는다. 본문은 그들이 자신 같은 존재들에게 지정된 영역을 벗어나 다른 영역에서 무언가를 행했다고 말한다. 그들이 무슨 일을 행했다는 것일까?

베드로후서와 유다서 모두 이 천사들의 죄를 성적인 음란함과 관련된 소돔과 고모라 사건에 견주고 있다(벧후 2:7; 유 7절). 또한 베드로후서는 그것을 노아의 시대와 연결짓고 있다. 성경 전체를 통틀어, 천사적 존재들과 관련해 언급되는 죄는 오직 하나뿐이다. 그 사건은 노아와 동시대에 일어났고, 본질은 성적인 것이었다. 구체적으로 말하면 "하나님의 아들들"이 자신들의 통상적 거주지인 하늘을 떠나, 땅으로 내려와서는 사람의 딸들을 아내로 취해 자녀, 곧 네피림이라 불리는 거인들을 낳은 바로 창세기 6:1-4 본문에 기록된 사건이다.

베드로후서와 유다서 본문의 두 가지 두드러진 특징 모두가 창세기 6:1-4를 가리키고 있다. 첫째, "하나님의 아들들"(sons of God)이란 구약의 다른 본문에서 천사적 존재들(angelic beings)들을 지칭할 때 사용되는 특정한 표현이다(욥 1:6; 2:1; 38:7; 시 89:6; 신 32:8).[1] 둘째, 베드로후서 2:4와 유다서 6절 모두 범죄한 천사들이 어두운 구덩이(흑암), 곧 지옥에 던져지고 심판의 날까지 감금되어 있다고 명시적으로 말한다.

창세기 6:1-4에서는 범죄한 하나님의 아들들에게 이후 무슨 일이 있었는지 전혀 말하지 않지만, 신구약 중간기 시대의 유대교 문헌에서는 이를 언급하고 있다. 그리고 창세기 6:1-4 본문에 대해 언급하는 유대의 문헌들은 범죄하여 결박당하고 어둠의 세계(Netherworld)에 내던져진 자들이 천사적 존재들이었다는 것에 모두 동의한다(예, 에녹1서 18:14-19:3).

대부분의 영역본들은 그 천사들이 (헬라어 "하데스"에 대한 가장 일반적인 번역인) "지옥"(hell)에 던져졌다고 말한다. 그러나 베드로후서는 그 타락한 천사들이 결박당한 채 "타르타로스"(Tartarus, Τάρταρος)에 던져졌다고 말한다. 타르타로스는 그리스 고전 신화인 헤시오도스(Hesiod)의 『신통기』(*Theogony*)에서 신적 존재인 거인들이 갇힌 감옥 이름이다. 유대인 저자들 또한 어둡고 우울한 지하세계를 지칭하기 위해 이 단어를 사용했다.

베드로후서와 유다서 본문이 기이한 내용을 다루고 있다는 것은 분명하다. 그 본문들은 천사론(angelology)과 귀신론(demonology)이 우리

---

1 ESV와 NRSV는 사해 두루마리 사본과 칠십인역의 독법을 적절하게 수용하고 있다.

가 생각했던 것보다 훨씬 더 복잡한 주제라는 사실을 알려준다. 또한 창세기 6:1-4과 세례에 관한 신약의 교리를 이해하는 데 중요한 열쇠를 제공해 주고 있다.[2]

2 참고. "세례가 영적 전쟁이라니"(224쪽).

거친 사랑

○

○

○

●

하나님이 우리를 언제나 회개로 이끄실 것이란 생각은 우리 신앙의 일반적인 통념 가운데 하나다. 그런 통념이 요한일서에서 철저히 무너진다. 요한은 "만일 우리가 우리 죄를 자백하면 그는 미쁘시고 의로우사 우리 죄를 사하시며 우리를 모든 불의에서 깨끗하게 하실 것이요"(요일 1:9)라고 분명히 말한다. 그러나 또 한편으로 요한은, 우리가 죄를 고백하고 용서받을 기회를 하나님이 결코 허락하지 않으시는 순간도 있다고 말한다.

요한일서 5:16-17에서, 사도 요한은 죄-고백-용서의 세 가지 측면을 우리에게 보여주고 있다.

> 누구든지 형제가 사망에 이르지 아니하는 죄 범하는 것을 보거든 구하라

> 그리하면 사망에 이르지 아니하는 범죄자들을 위하여 그에게 생명을 주시리라 사망에 이르는 죄가 있으니 이에 관하여 나는 구하라 하지 않노라 모든 불의가 죄로되 사망에 이르지 아니하는 죄도 있도다.

간단하게 말하자면, 그리스도인들이 실제로 범하기는 하지만 사망에 이르지 않는 죄가 있는 반면, 어떤 경우에는 사망에 이르는 죄도 있다는 것이다. 여기서 요한은 사망이라는 돌이킬 수 없는 결과를 가져오는 특정한 죄가 있다고 말하는 것인가? 엄밀히 말하면, 그렇지는 않다.

요한이 본문에서 사망에 이르는 죄를 구체적으로 적시하지 않았기 때문에, 어떤 특정한 죄를 염두에 두었다고 단정할 수는 없다. 아마도 요한은 하나님이 우리의 죄를 충분히 참을 만큼 참으셔서, 오히려 우리의 이 땅에서의 날들이 다하는 시점이 올 수 있다고 말하는 것으로 보인다. 그런 때가 언제 닥칠지 우리는 알 수 없다. 그러므로 당장은 별일 없다고 해서 지금처럼 계속 죄에 빠져 살아선 안 된다. 죄가 습관화되면 안 된다.

요한은 그런 상황을 실제로 목격했다. 누가는 사도행전 5:1-11에서, 자신들의 땅을 팔아 받은 돈의 일부를 감추고 베드로에게 (그리고 하나님께) 거짓을 말했던 아나니아와 삽비라의 이야기를 전하고 있다. 그들에게는 땅을 판 값의 일부를 교회에 드려야 할 어떤 의무도 없었다. 그런데도 그들은 주님의 사역을 위해 드리겠다고 하고, 마치 전부를 드린 양 거짓말을 했다. 베드로의 발 앞에 나온 아나니아와 삽비라는 자신들이 하나님께 거짓을 말했다는 베드로의 비난을 들은 그 자리에서 엎어져 죽고 말았다. 누가는 "온 교회와 이 일을 듣는 사람들이 다 크게 두려워하니라"고 기록한다(행 5:11).

당시 현장에 있었을 요한에게도 이 사건은 특별한 의미로 다가왔을 것이다. 그러나 요한은 "사망에 이르는 죄"에 대한 구약의 전례가 이미 있는 것도 분명히 알았을 것이다. 민수기 11장에서, 이스라엘 백성들이 자신들의 형편을 놓고 불평하며 원망하자, 하나님은 그에 대한 응답으로 백성들이 고기를 배불리 먹을 수 있도록 그들에게 메추라기를 보내셨다. 그러나 "고기가 아직 이 사이에 있어 씹히기 전에 여호와께서 백성에게 대하여 진노하사 심히 큰 재앙으로 치셨으므로"(민 11:33). 요한이 신자들에게 전하고자 한 메시지는 "하나님이 오늘날에는 그런 식으로 심판하지는 않으신다"가 아니었다. 오히려 그것은 "죄 범하는 것을 멈추라. 자칫 그 죄로 사망에 이르게 될 것이기 때문이다"라는 메시지였다.

혹시라도 요한의 이러한 메시지 탓에, 하나님이 두려운 분이라는 생각이 든다면, 우리는 요한이 같은 편지에서 "하나님은 사랑이심이라"고 선포했다는 사실을 기억할 필요가 있다(요일 4:8). 아나니아와 삽비라의 경우처럼, 죄를 범하는 신자를 교회에서 제거해 버리는 것은 매우 거친 사랑이 아닐 수 없다. 그러나 갓 태어난 교회는 바로 그 일로 인해 더 견고히 서게 되었고 주님께 더 온전히 헌신할 수 있게 되었다.

예수님, 하나님이라고 알려진 그 이름

○

○

○

●

단지 몇 개의 단어만으로도 풍성한 신학적 진술이 가능하다. 우리가 요한삼서로 알고 있는 짧은 서신에서, 사도 요한은 사랑하는 친구 가이오에게 편지를 쓰고 있다(1절). 사도는 가이오에게 나그네 된 동료 신자들을 잘 섬기길 권면한다. 이는 그들이 "그 이름을 위하여"(개역개정, "주의 이름을 위하여," 7절) 나갔기 때문이라고 말한다. 여기서 요한은 "예수님의 이름으로"(in Jesus' name) 또는 "예수님의 그 이름"(the name of Jesus) 같은 표현을 쓰지 않는다. 단순히 "그 이름을 위하여"(for the sake of the name)라고 말할 뿐이다. 요한은 왜 이같이 말하는가? 뭔가 은밀한 이야기를 하고 있는 것인가?

여기서 요한이 어떤 은밀한 내용을 언급하고 있지는 않다. 사실 그는 구약의 표현을 끌어와 쓰고 있을 뿐이다. 그러한 구약적 배경을 고려한다면 (그리고 요한이 기록한 다른 문헌들의 맥락을 함께 고려할 때) 우리가 본문을 이해하는 과정에서 다소 어색해 보였던 요한의 표현이 실은 예수님의 신성을 증언하는 하나의 강력한 진술임을 보게 될 것이다.

구약에서의 그 이름

신명기 12:5에서, 하나님은 이스라엘 백성이 약속의 땅으로 들어가게 되면 거기서 하나님을 섬길 장소를 알려주실 것이라 말씀하신다. 하나님은 그곳을 가리켜, "너희의 하나님 여호와께서 '자기의 이름을 두시려고' 너희 모든 지파 중에서 택하신 곳인 그 계실 곳"이라고 표현하신다. '자기의 이름을 두신다'는 표현은 하나님이 특정 마을이나 건물에 자신의 이름을 써 붙여놓으실 것이라는 의미가 아니다. 성막이 (그리고 궁극적으로는 성전이) 어디에 세워져야 할지 알려주시겠다는 의미다. 물론 그 성막이나 성전에 "야훼"라고 써 붙이는 것을 말씀하시는 것도 아니다. 특정한 곳에 이름을 써 붙여놓는 식의 언급은 성경에서 전혀 찾아볼 수가 없다. 오히려 하나님은 한 장소가 정해지면 그곳에서 이스라엘을 친밀하게 만나시겠다(그곳에 임재하시겠다)는 의미로 말씀하시는 것이다.

"그 이름"(the name)이란 사실상 하나님의 임재를 가리키는 표현이다. 하나님의 임재는 때로는 소위 "영광의 구름"(예, 왕상 8:10-11)을 통해 가

시적으로 나타나기도 했다. 또 다른 경우에는 그 이름이 사람의 형체로 나타나기도 했다. 예를 들면, 출애굽기 23:20-23에서, 하나님은 모세에게 이스라엘을 약속의 땅으로 인도하기 위해 한 사자(천사)를 보내실 것이라 말씀하신다. 하나님은 모세에게 그 사자는 그들의 허물을 용서하지 않을 것이라고 경고하시며, 그 이유는 "내 이름이 그에게 있음이니라"(My name is in him)고 말씀하신다. 사사기 2:1-5을 통해 우리는 그 천사(사자)가 실제로 이스라엘 자손을 약속의 땅으로 인도했다는 사실을 알게 된다. 그러나 하나님의 이름이 어떻게 특정한 천사에게, 그의 안에 있을 수 있는가? 해답은 "그 이름"이 하나님 자신의 임재를 의미한다는 사실에 있다. 이것은 신명기 4:37에서도 확인되고 있다. 이 본문에서 우리는, 이스라엘을 이집트에서 가나안 땅으로 인도해 낸 공로가 천사에게 있지 않으며, 실제론 하나님이 그들을 "자신의 임재로"(with his own presence, 개역개정, '큰 권능으로') 친히 그곳까지 인도해 내신 것임을 보게 된다.

예수, 그 이름

체포되시고 십자가에 죽으시기 전에, 예수님은 이렇게 기도하셨다. "나는 세상에 더 있지 아니하오나 그들은 세상에 있사옵고 나는 아버지께로 가옵나니 거룩하신 아버지여 '내게 주신 아버지의 이름으로' 그들을 보전하사 우리와 같이 그들도 하나가 되게 하옵소서"(요 17:11). 그런데 복음서는 마리아가 곧 잉태할 아기에게 주어진 이름이 예수였다고 분명하게 기록한다. 예수란 이름 자체가 분명 하나님의 이름은 아니다. 예수님이 "내게 주신 아버지의 이름으로"라고 말씀하실 때, 그것은 자기 안에 하나님 아버지의 본체가 내주하고 계심을 의미하는 것이다. 아버지와 아들은 하나이시다.

그러므로 요한에게 "그 이름을 위하여" 섬긴다는 것은 예수님의 좋은 소식을 전파하는 것과 같은 의미였다. 이렇듯 단순한 표현을 사용함으로써, 요한은 예수님을 구약의 그 이름, 곧 하나님의 임재와 연결시킬 수 있었다. 하나님의 그 이름이 "육신으로"(in the flesh) 오셨다(요 1:1-3, 14; 요일 4:2; 요이 7). 그 이름은 이제 성령으로 (하나님의 자녀인) 우리 안에 거하신다(요일 3:24; 4:4).

666: 어떤 이론들이 더해졌는가?

○

○

○

●

성경에서 사실상 거의 모든 사람들이 들어본 적이 있는 표현을 들라면, 그것은 아마도 "짐승의 수"라 일컫는 666일 것이다. 그리고 누구의 동의도 쉽게 얻어낼 수 없는 것이 하나 있다면, 그것은 바로 그 숫자가 의미하는 바일 것이다. 우리는 666이란 숫자를 요한계시록 13:18에서 만나게 된다. "지혜가 여기 있으니 총명한 자는 그 짐승의 수를 세어 보라 그것은 사람의 수니 그의 수는 육백육십육이니라." 이 구절의 표현이 중요하다. 요한은 독자들에게 그 수를 반드시 "세어 보라"(must be calculated)고 말한다. 숫자 이면에 반드시 어떤 숨겨진 의미가 있다는 것이다. 우리는 어떻게 하면 이 수를 세어볼 수 있을까?

상징 세어보기

성경의 이 수수께끼를 풀 수 있는 한 가지 방법은 게마트리아(*gematria*)다. 게마트리아는 모든 숫자에 특정 글자 또는 상징적인 의미가 들어 있다는 개념이다. 일각에서는 게마트리아를 단지 억측을 위한 수단일 뿐이라고 일축하지만, 사실 게마트리아는 각 알파벳 문자들이 숫자를 표기하는 데 사용되었던 헬라어와 히브리어 같은 언어에서 흔히 볼 수 있는 고대의 유산이기도 하다.

하지만 게마트리아가 요한계시록에만 국한되는 것은 아니다. 신약성경에는 다른 여러 가지 상징적인 숫자들이 포함되어 있다. 요한복음 21:11의 물고기 153마리는 고대의 상징으로서 교회, 그리스도의 몸, 그리고 (교회 신자들에 비견되는) 구약의 하나님의 아들들을 의미하는 것으로 해석될 여지가 있다. (예수님이 세례 받으실 때 그 위에 임했던) "비둘기"를 뜻하는 헬라어 단어(περιστερά, '페리스테라')의 각 문자가 상징하는 숫자를 모두 더하면(80+5+100+10+200+300+5+100+1), 헬라어 알파벳의 첫 번째('알파')와 마지막('오메가') 문자가 상징하는 숫자를 더한 것(1+800)에 대등한 숫자 값(801)을 얻게 된다. 따라서 그 비둘기는 결국 알파와 오메가를 상징하는 것으로 볼 수 있다는 식이다(계 1:8).

666 세어보기

이제 666이란 숫자를 게마트리아 방식에 적용시키면 그 숫자 값은 네로 황제(네로 카이사르, Nero Caesar)를 나타낸다. 헬라어로 '네론 카이사르'(*Neron Kaisar*)에 해당하는 문자들의 숫자를 모두 더하면 그 총합은 1,005이다. 그러나 그 헬라어 이름을 히브리어로 음역(transliterate)하여, 그 음가(nrwn qsr)에 해당하는 히브리어 문자('눈', '레쉬', '와우', '눈', '코프', '싸멕', '레쉬')를 히브리어식 게마트리아로 계산하면 (50+200+6+50+100+60+200) 그 총합은 666이 나온다. 또한 네로 황제(Nero Caesar)의 이 같은 칭호는 일부 신약 사본들에서 발견되는 기존 짐승의 수와 상이한 수(616)에 대한 설명이 될 수도 있다. 라틴어 네로 카이사르를 히브리어로 음역하여, 그 음가(*nrw qsr*)에 해당하는 히브리어 문자를 모두 합산하면 616이란 수가 나온다. 이것은 사도 요한이 그 짐승에 관해 기록할 당시 잘 알려져 있던 '네로 부활'(Nero Redivivus) 신화(즉, 네로가 그리스도인들을 멸하기 위해 죽은 자들 가운데서 다시 살아날 것이라는 주장)를 고려하고 있었을지도 모른다는 암시를 준다.

한편 이러한 게마트리아 해법은 세 가지 주된 문제를 야기한다. 제일 먼저, 이 같은 제안은 철자법을 가지고 눈속임하는 것처럼 여겨질 수 있다(*qsr*의 형태가 물론 있긴 하지만, 사실 '카이사르'에 대한 통상적인 히브리어식 음역표기는 *q'st*이지 *qsr*가 아니다). 또한 이 논리는 독자들이 헬라어를 히브리어로 음역할 수 있을 만큼 히브리 언어에 능숙할 것을 전제하고 있다. 마지막으로, 아마도 가장 설득력 있는 논박으로, '네로 부활 신화'에 대해 충분히 인지하고 있던 초기 기독교 주석가들조차 666이란 숫자를 결코 네로 황제와 결부시키지 않았다는 사실을 들 수 있다.

고대의 스도쿠

한 가지 가능성이 더 있다. 666은 하나의 마방신(magic square)이라는 주장이다. 고대 시대부터, 철학자들과 수학자들은 1에서 36까지의 각 숫자가 총 36개의 칸이 있는 정사각형(가로 세로 6×6) 상자 안에 하나씩 배열되어, 가로 세로 행의 수들과 중앙을 기로지는 대각선 방향의 수들이 각각 더해졌을 때 각 합이 서로 같을 수 있다는 사실에 매료되었다(현대 스도쿠의 원리도 이와 같다). 이 마방진 한 개는 각 합이 111인 네 개의 변과 두 개의 대각선을 갖는다. 각 숫자의 합이 111인 6개 행의 수를 모두 더하면 666이 나온다. 고대 유대와 그리스 전통에서 각 마방진은 우주의 천체(celestial body)와도 관련이 있었다. 총합이 666인 6차 마방진의 경우는 그리스 만신전(판테온) 최고의 신, 제우스를 연상시키는 태양과 연관되었다.

제우스는 종종 바알(Baal) 및 가나안 종교의 신화적 장소인 북쪽('짜폰')과 연관되었다. 요한계시록의 짐승과 가장 관련 있는 것이, 바알(그리고 제우스)의 호칭인 "하늘의 군주"(lord of heaven, '바알샤멤')다. 다니엘 9:27의 '쉬쿠츠-샤멤'(*shiqquts-shamem*, "황폐하게 하는 그 가증한 것", 개역개정, '가증한 것…황폐하게 하는')은 '바알-샤멤'(Baal-shamem)에 대한 언어유희일 수 있다. 원래는 구약의 저자들이 "수치"(shame) 또는 "가증"(abomination)을 의미하는 단어를 종종 "바알"이란 단어가 포함된 정식 이름의 대용으로 썼기 때문이다(예, '므비보셋'의 본명은 '므립바알'이었다. '이스보셋'은 부끄러운 사람이란 의미이며 본래 이름은 바알의 사람이란 의미의 '에스바알'이었다). 결국 이것은 666이란 숫자가 구약 세계에서는 어둠의 군주(신약적 사고에서는 사탄의 권세)인 가증하고 혐오스러운 바알을 상징할 수도 있음을 의미한다.

관점이 모든 것을 바꾼다

○

○

○

●

요한계시록은 장차 있을 번 미래의 여러 사건들을 하나의 선상에서 바라보는 연대기인가? 아니면 그리스도인들에 대한 로마 제국의 박해와 로마 군인들의 예루살렘 성전 파괴에 대한 (요한의 생애 동안에 일어난 사건들의) 서술인가? 첫 번째 관점은 요한계시록의 저작 연대를 (성전 파괴 사건이 한참 지난 후인) 주후 90년대 중반으로 보고 있다. 반면 두 번째 관점은 저작 연대를 (성전이 아직 무너지지 않은 시점인) 주후 70년 이전으로 보고 있다. 각 관점에 따른 독법은 요한계시록 11:1-2에서 모두 난관에 부딪힌다.

> 또 내게 지팡이 같은 갈대를 주며 말하기를 일어나서 하나님의 성전과 제단과 그 안에서 경배하는 자들을 측량하되 성전 바깥 마당은 측량하지

말고 그냥 두라 이것은 이방인에게 주었은즉 그들이 거룩한 성을 마흔두 달 동안 짓밟으리라.

본문을 문자적으로 취할 경우, 이 구절들은 예루살렘 성전이 여전히 건재하다는 것을 암시한다. 따라서 그것은 요한계시록이 주후 70년 이전에 기록된 것임을 입증하는 분명한 근거일 수 있다. 만약 그렇다면, 사도 요한이 묘사하고 있는 (사탄의 권세에 의해 그리고 교회에 대한 사탄의 증오에 의해 더 막강해진) 로마 제국의 박해와 침공에 관한 모든 정보는 타당한 것이 된다. 그러나 이 관점을 지지하려면 앞의 인용 구절을 '문자적으로' 봐야 하는데, 요한계시록의 주후 70년 이전 저작설을 선호하는 대부분의 사람들은 정작 요한계시록의 나머지 본문을 '상징적으로' 읽으려고 한다. 그들은 요한이 묘사한 내용을 로마 제국과 그 황제들의 어떤 특징들과 연결시킨다.

요한계시록을 먼 미래에 일어날 사건들의 연대기로 보는 사람들은 종종 책의 주후 90년대 중반 저작설을 강조한다. 그들은 요한계시록 11장을 '상징적으로' 읽는 것을 선호한다. 이는 요한계시록의 나머지 본문을 (요한의 환상 속 미래의 군사 무기를 묘사할 정도로) '문자적으로' 해석하길 선호하는 그들의 성향과는 매우 배치되는 모습이다.

과연 누가 더 문자적인가? 요한계시록에서는 하나의 독법으로 일관성을 유지하기 어려운 것이 현실이다.

초기 교회의 교부인 로마의 클레멘트는 이 본문을 어떻게 이해하면

좋을지를 판단하기 위한 몇 가지 단서를 제공한다. 클레멘트는 예루살렘 성전이 파괴된 후 오랜 시간이 지나서야 글을 썼지만, 그는 성전에 관해 이야기할 때 '현재 시제'를 사용했다(1 Clement 40-41). 과거 성전이 있던 시절의 정연했던 예배를 일종의 유비로 사용함으로써 클레멘트 당시 예배에 대한 자신의 우려를 강조하고자 하는 장치였다. 어쩌면 요한계시록 11:1-2의 경우도 그와 비슷한 사례일 가능성이 있다. 성경 저자들에게 과거에 일어난 사건들을 당대의 사건처럼 말하는 것은 전혀 생소한 방식이 아니었다. 다른 말로 하면, 예루살렘 성전은 오래 전에 이미 파괴된 상황이지만, 그 성전에 대한 언급은 저자의 문학적 또는 신학적 의도 때문에 아직 파괴되지 않은 것처럼 표현된다는 것이다. 하지만 그럼에도 불구하고, 요한계시록을 로마 제국에 의해 벌어질 사건들로 국한시켜 해석할 가능성을 완전히 배제하지는 못한다. 그렇다면 해당 본문에 대해 (먼 미래의 사건으로 보든, 곧 닥칠 성전 파괴 사건으로 보든) 어떤 방식의 해석적 접근이든 일방적으로 수용되기란 불가함을 보여줄 뿐이다.

요한계시록처럼 성경의 난해하고 복잡한 본문을 읽을 때, 해석에서 관점이 갈리는 부분들을 잘 파악하고 정리해 보면 도움을 얻을 수 있다. 어쩌면 우리가 기대했던 것보다 더 많은 것을 밝혀낼 수도 있다.

콘스탄티누스, 음모론, 그리고 정경

2003년에 출간된 댄 브라운의 베스트셀링 음모론 스릴러 『다빈치 코드』가 이제는 마치 고대의 역사처럼 보인다. 이 책은 출간 이후 대중의 높은 관심을 얻고 엄청난 판매고를 올렸을 뿐 아니라, 그로 인해 학자들을 무척 짜증나게 만들었다. 예수님과 열두 제자들이 영지주의 이단이었다는 설정을 배경으로 했기 때문이다. 그것뿐이 아니다. 예수와 결혼한 막달라 마리아 사이에서 태어난 아이를 통해 예수의 혈통이 이어지고 있다는 해괴망측한 이야기가 중심 줄거리다. 그 내러티브 안에서, 댄 브라운은 신약의 정경이 (영지주의 기독교에 우호적이지 않았던) 로마 황제 콘스탄티누스에 의해, 신약 학자들이 인정하는 것보다 훨씬 이후의 시점에 확정되었다고 주장한다. 안타깝게도, 이렇게 꾸며낸 이야기가 아직까지도 그 생명력을 유지하고 있다.

신약 정경에 포함될 책들을 콘스탄티누스가 선정했다는 발상은 가이사랴의 유세비우스(Eusebius of Caesarea, 263-339)가 저술한 『콘스탄티누스의 생애』(*Life of Constantine*)에서 기원한다. 유세비우스는 331년에 작성된 어느 편지에서, 황제가 자신에게 다음과 같이 지시했다고 말한다.

> …교회의 가르침을 위해 가장 필요하다고 여기는 조항이 들어 있고 그 용례가 유용할 것으로 생각되는 거룩한 성경의 사본 오십 권을 마련하라. 양피지에 읽기 쉽게, 편리하고 휴대할 수 있는 형태로, 필요한 기술을 철저하게 수련한 전문 필사자들로 하여금 기록하게 하라.

예수는 피조물과 같이 창조된 존재였다고 주장한 아리우스주의(Arianism)에 맞서 그리스도의 완전한 신성에 대한 논쟁으로 유명했던 니케아 공의회(325) 또한, 바로 동일한 인물, 콘스탄티누스 황제에 의해 앞서 소집된 것이었다. 『다빈치 코드』에서 댄 브라운은 부주의하게 이 두 사건을 뒤섞었다. 이는 콘스탄티누스가 니케아 공의회에서 신약의 목록에 포함될 책들을 결정했다는 터무니없는 주장을 내세우기 위한 것이었다. 그러면 우리는 그런 일이 일어나지 않았다고 정말 확신할 수 있는가? 만약 그것이 아니라면, 콘스탄티누스는 이 편지에서 정확히 무엇을 요구했던 것인가?

우리는 니케아 공의회가 콘스탄티누스의 요청으로 신약의 목록을 결정한 적이 없음을 확신할 수 있다. 유세비우스 편지의 연대는 니케아 공의회가 정경 문제에 대해 고려하지 않았음을 알려준다. 니케아 공의회에서 결의된 20개 조항(이것은 정경[canon]과 공교롭게도 일치하는 단어, "규범"[canons]으로 불렸다)을 오늘날에는 누구든지 읽어볼 수 있다.[1] 그 채택된 결의안 가운데 어느 것 하나도 신약성경과 관련된 내용은 없다. 추가하자면, 니케아에서 논의되었던 사안에 대한 정보는, 그 당시 또는 그 직후에 살았던, 교회 내의 여러 역사가들과 신학자들에 의해 기술되었다. 그들의 증언은, 콘스탄티누스가 신약의 목록을 결정했다는 주장과 정반대되는 견해에 모두 일치를 보이고 있다.

그렇다면 콘스탄티누스는 대체 무엇을 원했던 것일까? 초기 교회의 첫 몇 세기 동안에는, 어떤 것을 거룩하고 권위 있는 책으로 여길 수 있는지에 대한 쟁점 여부가 불분명했다. 거부된 책들에 관한 기록뿐 아니라 거룩한 책들을 열거한 초기 목록도 여러 개 발견되었다. 콘스탄티누스의 명령은 그 문제를 어떤 식으로든 속히 결정해야 하는 지점으로 옮겨놓았다. 황제가 거룩한 책들의 사본 배포를 명했을 때, 초기 교회 지도자들은 필사가 필요하다고 판단되는 거룩한 책들의 목록을 만들어낼 수밖에 없었다. 그 결과는 최소한으로 합의를 이룬 정경 목록이었다. 제국 전역의 그리스도인 지도자들 중 대다수가 권위 있는 책으로 받아들일 수 있는 책들이었다. 따라서 꾸준히 논란이 되었거나 이미 거

---

1 *The Nicene and Post-Nicene Fathers*, series 2, vol. XIV.

부된 전력이 있는 책들은 따로 제쳐두었다. 이는 성령이 계시의 빛을 밝혀주심으로 구주를 믿는 교회로 하여금 합의에 도달할 수 있게 하시리라는 믿음 안에서 행해진 일이었다. 오늘날 우리는 그렇게 합의된 신약성경을 우리 손에 쥐고 있다.